半小時
漫畫中國史

如果春秋戰國是個班級

二混子 —— 著

自序

如果懂得更多一點，
看世界的眼光就會不一樣

　　二十歲之前，我是不看歷史的。我接受過完整的國高中歷史教育，但對此毫無興趣，唯一記得住的歷史事件是一八四〇年的鴉片戰爭，因為數字還算好記；至於我為什麼通過了那些年所有的考試，我只能說，團隊的力量是無窮的⋯⋯

　　現在的我張口就可以噴出一堆年代來，比如：西元六一八年唐朝建立、一三六八年到一六四四年的大明朝、一〇九六年到一二九一年的十字軍東征、一三三七年到一四五三年的英法百年戰爭等等，偶爾在飯桌上小試身手，驚起一灘鷗鷺。

　　這當然應該歸功於我二十歲之後對於歷史的喜愛，雖然還沒愛得死去活來，但有問題沒搞明白時，我總會茶飯不思，這讓我有足夠的動力來了解更多的歷史知識。

　　不過我要說的不是這個，而是同樣的歷史，二十歲之後的我為什麼會如此感興趣？ 不管你信不信，原因是：二十歲時我在上大學，大學沒有歷史課。

　　我絕無意否定我們的歷史課教育，它普適、嚴謹，對於大

眾基礎教育來說，已經做得夠好了。我只是在想，能不能做到更好？如果跳出課堂，歷史會變成什麼樣？還會這麼高冷嗎？

　　我一直認為，一個人能把一門知識學到什麼程度，關鍵取決於他到底有多感興趣，除此之外都不太靠譜。

　　歷史是非常有趣的，我們先不談它到底能不能帶我脫離低級趣味、變身為純粹的人；光是通過它，就能讓我們忽然對世界恍然大悟這一點，便使我如痴如醉地迷戀。好奇心被滿足的一刹那，成就感爆棚，就是這麼簡單原始的快樂。但是在課堂上，它的表現經常不是這樣：它只是一門課程，學習它不是為了快樂，而是為了準備考試。

　　那麼問題來了：如果學習一件事情的主要途徑是死記硬背，誰會對它感興趣？ 後來我憑自發的興趣了解了歷史，你猜是因為什麼？

　　不管你信不信，是一個二戰題材的電腦遊戲。那是個極有趣的遊戲，可我發現我只懂傻乎乎地開槍，對於遊戲裡的人物、地名、時代背景毫無了解，於是我開始翻看二戰的歷史類書籍。結果發現，我不得不惡補一戰的歷史，才能看懂二戰；同樣的，如果不繼續往前了解，一戰的歷史仍然看不懂。我就像被好奇心牽著鼻子走的牛一樣，一點一點地往前學習，終於有一天，我發現我腦中一直混沌不清的那些歷史概念，變成了一根根簡

單清晰的脈絡；那些發生在身邊、很難理解的事物，在歷史上忽然都有了淵源。人對世界的困惑源於無知，如果懂得更多一些，看世界的眼光就會不一樣，這是知識的力量。但如同我因為電腦遊戲而迷戀歷史，你最好也能找到你的興趣所在。

這個學習的過程相當痛苦，我常常看到後面忘了前面，在無數個人名、地名之間顧此失彼，可是我最終都能把它們摸得還算透徹。不是因為要考試，也沒有人逼我，而是因為這實在太有趣了，我在課堂上從來沒發現歷史這麼有趣，我覺得我必須了解它。

所以發現問題在哪裡了嗎？歷史還是歷史，我們為什麼不讓它變得更有趣呢？

《如果春秋戰國是個班級》就是這種嘗試下的產物。我從相當枯燥的歷史類書籍裡學習到了很多知識，但我想並非所有人都有耐心和興趣這麼做。大家都活在這個時代的移動互聯網和碎片時間中，閱讀成為一種奢侈，可是知識從來都是不可或缺的剛性需求，不是嗎？很幸運的是，我從小愛畫畫，於是我有機會用更有趣的形式把這些知識表現出來，精心設計了大量漫畫、笑話和比喻，就為了能在尊重事實的前提下，把沉重的歷史變成一段段活潑的小品，在最大程度上吸引讀者。這個系列誕生於網路，獲得了許多網友的喜愛。他們說，在哈哈一笑

的同時，不知不覺地就懂了更多。這對我是前所未有的鼓舞，讓我堅信自己正在做一件意義重大的事情，今天這些內容變成帶著墨香的白紙黑字，看上去更加健康，也不用帶行動電源。

有必要說明的是，「半小時漫畫中國史」系列著重於從紛繁複雜、事無鉅細的歷史中抓出清晰的大脈絡，因此有很多無關的歷史細節被我有意略過，以免導致訊息冗雜而產生學習負擔，不是我偷懶。所以建議大家把這個系列看成了解歷史的入門內容，先清楚了歷史主幹，再去深入了解每一段細節，就會變得更輕鬆。

最後，我只是個愛好歷史的年輕人，還沒來得及積累深厚的歷史文化底子。在這裡感謝所有前人留下的智慧積澱，讓我在各種閱讀和學習中總結歸納出書中的內容，也感謝出版方的朋友們精心校對與為之付出的所有心血，但正因為是自己總結，難免出現謬誤和不嚴謹，貽笑大方，如果大家發現之後能給予提醒糾正，我將感激不盡！

一、如果東周列國是個班級，這事就好理解了 1

根本
記不住啊！

東周列國，聽起來就很暈的樣子對不對。
為什麼很暈呢？

因為太亂了!!

　　東周，歷時近六百年，各種結盟、各種打架、各種詭計、各種吞併，各種錯綜複雜……

　　有詩為證：

如果我不在家，那麼我在打架；
如果我也不在戰場，那麼我在去打架的路上；
如果路上也找不到我，那麼別找了。

哥我沒挺住，死了。

不過假如你能發揮你的想像力，
其實整個東周就像一個班級，
那後面的事情就貌似很輕鬆了。

首先，我們看看班上的成員：

班主任：周老師

班上的學生一百多

雖然他們個個都想出人頭地，但多數同學做得最成功的事情是打醬油，擅長單打雙打、翻來覆去各種打。只有少數幾個同學跟大家混了個臉熟，不管如何，他們最終青史留名。

再來看看班裡老師和同學們的座位，這對所有人的影響都至關重要。

周老師，年輕的時候曾跟一個叫「商」的老師打過一架，**完勝！**
從此叱咤風雲，威風八面，把學生管得比鍋貼還服貼。

後來上了點年紀，不像以前那麼精壯了。

最要命的是，腦子還有點進水。

周幽王烽火戲諸侯

這事大家都熟悉，周老師成功挑戰了高冷妹海拔三萬英尺的笑點，代價就是莫名其妙被隔壁班野孩子戎狄跑來打了一頓結實。

從此周老師再不敢坐在西門口，往東邊搬到同學們中間的雒邑（洛陽）。

周政府首都從西邊的鎬京（西安）東遷到了雒邑（洛陽）

燕

晉　齊
　　魯
西周→宋
東周
（在這裡被打了）　吳

楚

白蟻搬家

也正是在眾目睽睽之下被這麼打了一頓，周老師不靠譜的形象深入人心，威信從此一落千丈，再也管不住下面的同學了。

所以，東周時期的特點就一句話：

你懂的

老師在與不在一個樣！

同學們看老師現在慫 ❶ 了，膽子肥起來，拉幫結派、打架鬧事。

正在混亂中，班裡的高富帥小齊站起來大喊：

你們眼裡還有沒有我們周老師了？誰再亂動，誰就是欠收拾！

齊桓公尊王攘夷，號召所有封國忠於周王。

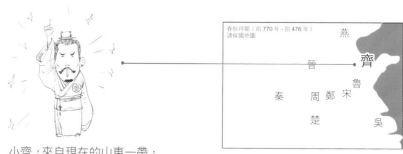

小齊，來自現在的山東一帶，
出身高貴、家境殷實，人品
又好；最關鍵的是，
打起架來，居然還特別生猛。

知道齊國為什麼這麼厲害嗎？
知道齊國是誰的封地嗎？

不知道的快
問老師，現
在就問！

上哪說理去……

他這一嗓子下來，大家都心悅誠服，誰也不敢再鬧事。

由於小齊在大家心目中德智體群美兼備，馬上就被推舉為第
一個班長，從此鬧個矛盾或者被隔壁野孩子搶個包啥的，都愛找他
主持公道；同時小齊還號召大家一定要尊敬周老師。

大家益發敬重他的人品，結果更沒人把周老師放在眼裡了。

你是不是
故意的？

當、當然
不是……

過了一段時間，小齊家裡出了點事，自顧不暇，逐漸退出了班級事務。這時另外一個同學勇敢地、當仁不讓地接下了班長這個位置，他就是山西的老晉。

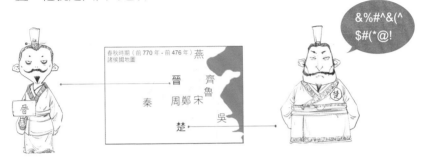

老晉，家裡經營幾代，有錢有勢、老謀深算，實力僅次於小齊。不過，跟小齊不一樣，老晉在班裡呼風喚雨的時候，有個同學總跟他對著幹。

這個同學叫阿楚，是從現在湖北大山裡來的插班生，又黑又壯又沒文化，普通話都說不明白，但打起架來狠。大家都鄙視他，叫他南蠻。

當年阿楚不是班上的同學，但眼饞 ❷ 班裡土豪多，拚命往班裡擠，從小齊當家就開始擠，擠到老晉接班還在孜孜不倦地擠，終於讓他擠了進來。

楚國早前不是周王室的封國，只是南邊一個巨大的部落，後來自立為王，這就是為什麼春秋五霸中，其他都是公（齊桓公、晉文公……），而楚獨稱「王」（楚莊王）。中原富饒，世代楚君們削尖了腦袋要往中原靠近。

這個漢子很調皮，最不把周老師放在眼裡，事實上他還經常
敢於調戲這個神經脆弱的老頭。有一次聽說周老師家裡有幾個貴重
的鼎，是很神聖的寶貝，代表班主任至高無上的身分，他劈頭蓋臉
衝到老師家裡……

楚莊王問鼎中原

老頭以為這黑壯漢子要搶走他的鼎，嚇到差點尿褲子。老晉和
阿楚實力不相上下，還都有團夥 ❸，常常各自帶著身邊的小弟們約
架 ❹，來來回回了幾個回合，搞不定對方，坐在他們中間的同學們
倒吃了不少苦。

　　齊桓公退下霸主之位後，中原由晉、楚兩國交替當家，班裡經歷了漫長的晉楚爭霸時代。

這個時候，阿楚旁邊又來了個新同學。

他叫小吳，來自現在的江蘇，一個楞頭青 ❺，比阿楚還要憨。當年這個地方就跟石器時代一樣落後。

老晉心裡一盤算：如果能在阿楚身邊結交一個小夥伴，從此可以眉來眼去相互照應，感覺人生都要豁然開朗了呢！

晉國聯吳制楚

在老晉的幫助下，小吳進步飛快，最後變成了地方一霸，還連同小夥伴老晉一塊整阿楚。

二、如果東周列國是個班級，
這事就好理解了 2

　　小吳帶著渾身五百瓦的大佬光環，也變成班裡有頭有臉的實力派。

　　在老晉的慫恿下，小吳跟阿楚關係一直很糟糕，兩個楞頭青經常吃撑了就要找地方開練。

　　處於晉國和吳國之間、腹背受敵的楚國分身乏術，又碰上幾任非常任性的國君，頹勢日顯。

有一天，小吳和阿楚終於狠狠打了一架，小吳衝到阿楚家，把五大三粗 ❶ 的阿楚打得頭破血流、搖搖欲墜，如果不是老遠來了個幫手救了他一命，當場就得一命嗚呼。

從此一整個學期，阿楚都宅在家養傷，再也不敢在班裡要橫 ❷ 了。

伍子胥鞭屍楚平王

伍子胥，楚國人，老爹和老哥被楚平王殺掉，自己死裡逃生來到吳國，最後約上好朋友孫武一同協助吳王闔閭攻破楚國都城，把已經掛了好些年的楚平王從墳裡挖出來鞭屍三百下，直到屍體稀爛，留下一段令人唏噓的歷史。

下面我們來認識一下這個老遠趕來救阿楚的同學。

中國好同學

還記得周老師當年為了討女孩子歡心，玩火被打的地方嗎？
就是中原的西門口——鎬京（今天的西安）。

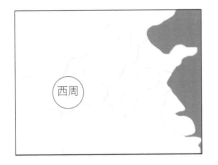

沒有錯！畫紅圈的地方，就是老子被打的地方！

西周

你還有臉說?!

這位同學也來自西邊，當年因給周老師養馬，挺受器重的。周老師被戎狄打成豬頭的時候，就是他把周老師攙回中原雒邑……

猜到了嗎？

沒錯，他就是大秦。

周老師對這事很是感激，說什麼也要表示一下，最後把被打的那個地方送給了大秦。

老師，你覺得你這麼做有……有意思嗎？

說到大秦，我們必須清楚，這孩子並不是天之驕子；相反的，在很長一段時間裡，都是偏居一隅人畜無害的二流角色。人家能有後面的作為，那完全是一部充滿坎坷的西部農村青年都市奮鬥史。

秦人最早只能算是個臨時工，給周王養馬，被留在西邊順便鎮守西關。周王室東遷，秦人又因護送有功，才正式有了諸侯的編制，還被賜予西周故地，所以冥冥之中，秦國繼承了周王室的地盤和許多方面的正統文化，所謂「根正苗紅」就是這樣啊！

大秦是典型的陝西農村娃，家裡窮得叮噹響，跟中原的有錢人沒法比；可是人窮志不短，馬瘦毛不長，在班裡的孩子們雞飛狗跳的時候，人家就知道在座位上自習……

加上身體比人棒，經常把隔壁來偷雞摸狗的野孩子（還是打周老師那個）趕出去，保護了全班老師與同學的生命財產安全，獲得了班級「中國好門衛」的光榮稱號，所以在西邊也是名噪一時，混了個小組長當當。

秦人自始至終一直守護著王朝的西北邊界，把北邊的野蠻人統統擋在門外，他們強大的戰鬥力也得利於與蠻族的長年征戰。

這是我應該做的……

走開，沒說你！

大秦這個人實在，容易吃虧，其間跟老晉關係最好。好朋友老晉家裡那幾年不太平，總愛爭個房產什麼的，大秦經常伸出援手。

晉文公稱霸前，晉國多次且反覆出現奪嫡事件。各位公子輪番到秦國求助，秦王把妹妹和女兒都給他們嫁了個遍，這段關係史稱「秦晉之好」。

兄弟，家裡又鬧了，幫個忙吧！

說吧，想要什麼？

你們家女兒和妹妹，你看著給吧！

可是老晉這老傢伙，五行缺節操，常常恩將仇報，來回幾次後，他倆的友情終於走到盡頭了。

就算秦國這麼掏心掏肺，也擋不住晉國的白眼狼 ❸ 們回國後翻臉不認人，甚至還要打上幾仗，以怨報德。晉文公時期，關係終於有所緩和；但老頭一掛，下面的孫子又立馬翻臉。

但小秦終歸沒什麼潛力，家底又磕磣 ❹，只雄起一陣之後，又開始默默地打起醬油來。

其實主要是吃了沒文化的虧。那個年代，西邊這塊地方很奇怪，厲害的人物不少，沒譜的傢伙也一大堆。除去周幽王烽火戲諸侯，好不容易稱霸的秦穆公死後，他的繼承者竟然把老頭手下傑出的人才全部送去殉葬……

老頭在下面打麻將，一缺三！

不過全班（包括周老師）都想不到，這個窩在西邊、貌似沒啥大出息的鄉下孩子，後來給自己找了非常厲害的家教……

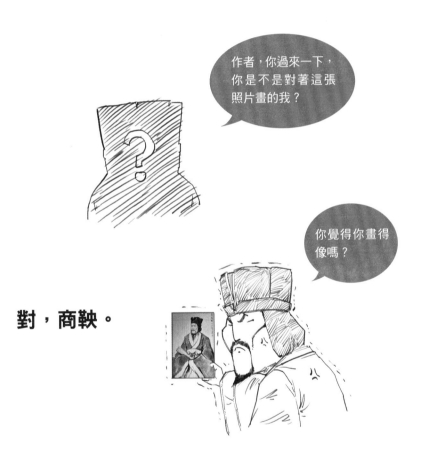

對，商鞅。

這事我們後面再說，暫且按下不表。回到眼下，班裡一波還未平息，打教室東邊一波又來侵襲。

小吳剛打完一架，後排又來了個刺兒頭 ❺，還是個土包子，土到什麼程度？大家給他起了個名字叫「金木水火」，因為「金木水火土」！好吧，開個玩笑而已。

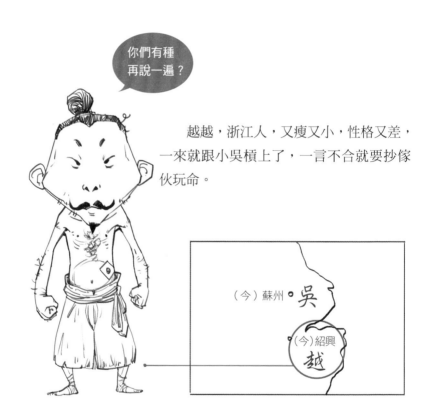

你們有種再說一遍？

越越，浙江人，又瘦又小，性格又差，一來就跟小吳槓上了，一言不合就要抄傢伙玩命。

（今）蘇州 ○吳

（今）紹興 越

勾踐剛建立越國，就跟北邊的吳王闔閭起了衝突，傳奇萬世的吳越春秋，就此拉開序幕。

我說你就是欠收拾！

光著膀子還拉什麼袖子？!

好在，越越剛來，屁股還沒坐熱……

叮叮叮……

這個學期就要完結了，至少這個學期可以在一片祥和中結束，要發生點什麼嘛⋯⋯

那就是下學期的事了。

介紹完這些個大佬學生之後，我們也不要忘了那些活躍於臨時演員界的同學，他們也在班裡起著重要的作用：

小鄭：家住現在的河南，早年曾是班裡的小霸王，實力超群，甚至跟周老師打過架，比小齊還風光。

鄭國曾仗著自己協助殺敵有功，目無王室，跟周王幹過一仗，還一劍射中過周王的肩膀，當時可謂氣焰囂張。

可是自己後來不爭氣，越來越慫，沒落為萬年跑龍套，最後甚至要靠兩邊討好老晉和阿楚這樣的大佬們，才能在夾縫中苟延殘喘；不然別說龍套了，演員表都上不了。

　　小宋：也住在河南，這傢伙有種特別的幽默感：實力不咋地 ❼，理想特遠大。因為幫小齊處理過家事，就以為自己可以繼任班長、號令天下，結果被阿楚沒頭沒臉一頓胖揍 ❽。而且這位同學命不好，坐在阿楚和老晉之間，兩個大佬只要一打架，他就一夜回到解放前 ❾。

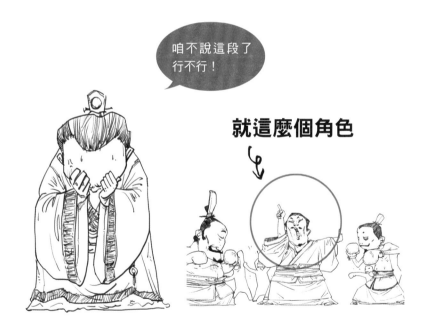

　　接下來是小陳小曹小衛小滑小蔡小梁小隋小申等等等，號稱「亞洲第一臨演天團」，存在的最大意義，就是增加歷史考試的難度。

　　最後我們來認識一位高大上的文藝青年，他坐在小齊旁邊，喜歡看書；成績好、懂禮貌，還喜歡寫日記，把班裡每天發生的事情都詳細地記在日記裡。猜到了吧。

這個文青叫小魯，他給自己這本日記取的名字，叫《春秋》。

花間一壺酒，獨酌無相親。舉杯邀明月，對影成三人。月既不解飲……

裝！繼續裝！唐朝的詩他居然會背！

就是。太能裝了！

魯國收藏大量的儒家經典，號稱儒家的數據庫，它最早是皇親國戚「姬伯禽」的封國。姬伯禽是誰？周公旦的兒子。周公旦又是誰？親手創造周朝禮儀規範的攝政王（關於耳熟能詳但其實大多數人不懂的「周公攝政」，請自行去問老師）。大家知道周王室姓姬，所以周公旦的名字叫姬旦。

　　其實大家都寫日記，但小魯寫得最好，所以大家用它來命名這整個學期。那幾個在班裡當過大佬的同學：小齊、老晉、阿楚、小秦和小吳，他們的故事貫穿了整個學期，於是被稱為「春秋五霸」。

　　等到有一天，小魯忽然不寫日記了，班級也進入到了下一個學期──

戰國。

東周列國大事記整理：
約西元前七七〇年～西元前五〇六年

按照一般的計算方法，咱們周朝大概有八五〇年，而其中的東周大概五五〇年，分成**春秋**和**戰國**兩段。

西周最後一個天子叫周幽王，對，就烽火戲諸侯那位，被西北蠻族犬戎打了，於是他的兒子周平王在陝西待不下去了，只能搬到東邊的洛陽，於是西周沒了，東周來了。

西元前七七〇年，東周開始了，天子沒什麼威信，下面各地的諸侯一個個地得勢起來，比如山東的齊國、湖北的楚國、山西的晉國等等⋯⋯

西元前七〇七年，在大家熟悉的齊桓公之前，首先囂張起來的是河南的鄭國，這一年鄭國居然跟天子周桓王打了起來，還射了天子一箭，你看東周天子都混成這樣了。不過這個鄭國也就閃耀了這麼一小段，之後一直很衰。

西元前六八五年，齊國的公子小白上位，變身大名鼎鼎的齊桓公，從此帶領著齊國蒸蒸日上，比別的諸侯都強，成了春秋時代的第一個霸主。跟後面所有的霸主相比，齊桓公也許是春秋唯一完美高大的霸主，因為不光國力強盛，還是大家的道德楷模。

西元前六四三年，齊桓公死了，兒子們忙著窩裡鬥，都沒顧上給老頭收屍，生了一地蛆，挺慘。

西元前六三六年，晉國的公子重耳上位，變成了晉文公。

西元前六三二年，晉國跟南邊的楚國打了一仗，完勝楚國。因為楚國當時也很厲害，所以晉國一下子就變成了齊國之後的第二個霸主。

　　西元前六二四年，西北秦國的秦穆公跟晉國關係很不錯，後來友誼翻了船，要來打晉國，沒打贏，於是轉向了西邊的蠻族犬戎。沒想到東邊不亮西邊亮，開闢了一大片土地，從此稱霸西戎。

　　西元前六一三年，楚國開始崛起了。這是因為有個厲害的國君，叫楚莊王，他假裝昏聵騙過了大家，最後忽然跳起來嚇倒一票人，這個故事叫「不鳴則已，一鳴驚人」。沒幾年，楚國跟晉國又打了一仗，這次是楚國完勝，於是楚國也成了一代霸主。

　　西元前五一四年，江蘇的吳國有個叫「光」的公子上位，變身成了吳王闔閭。

　　西元前五〇六年，吳國和楚國不怎麼對盤，打了一仗，楚國被打成了篩子，闔閭的小夥伴伍子胥還把死掉的楚平王挖出來鞭屍，因為楚平王當年整死了伍子胥他爹。

二混子說春秋

總的來說，春秋是中國歷史上一個不錯的時代，至少聽上去就比較有品味有情調。

那個年代，中原的國家特多，滿大街都是大佬。每個領導人的思想和口味都不一樣，於是大家開始絞盡腦汁、研究各種理論，沒事去大街上吹吹牛、在酒吧裡跟人嗑嗑牙刷存在感，不知道哪天就被哪個大佬看中了，想想還有些小激動。

於是乎，百家爭鳴。所以這是個「夢想還是要有的，萬一瞎貓碰上死耗子呢」的時代，中國歷史上第一次思想大開放的黃金時代，一出門說不定還能碰到孔子老子這樣的大咖，有點意思。

不過我覺得春秋時代最美的，是當時同學們學歷史，只有兩個朝代，再往前學就是玄幻小說，你說幸福不幸福？

三、如果東周列國是個班級，這事就好理解了——假期篇

啊嚏！

hello，在嗎，出來冒個泡 ❶ ！

 在

在，啥事？

 搞麼斯？

 有什麼事，齊哥？

 終於放假了，在家無聊，大家都咋過的啊？

 陪家裡的小朋友，這幾個娃娃越大越不聽話了，累死兄弟了。

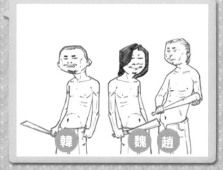

 唉喲，上次砸我家玻璃的原來就是你家的娃，就中間那個姓魏的，你説咋辦吧！

 想咋的？

 你出來！

哈哈，老晉你個老傢伙！

 唉，你們不要這樣，家家有本難念的經。老晉，孩子要管好，不然要吃虧喔！

聽齊哥這口氣，是不是家裡也出事了啊哈哈！

 揍你喔！

 阿楚，你咋樣，身體好點了沒？

 沒有的，

 身體我有痛，全是痛。

 唉呀，你普通話能學成這慫樣子！

主要是腦子壞了。

 說啥呢？說啥呢？

一句也沒聽懂，滾！

 阿楚，你來班裡也好長時間了，咋話還說不明白呢，報個培訓班學學，反正你錢多。

 就這智商，要不是上次小宋在泓水的關鍵時刻思考了一下人生，你早被人打慘了！

啾啾啾，肢體語言都出來了，總之你跟小宋都是白痴。

 別鬧，小吳我要說你幾句

 你下次打架手輕點，大家都是同學。

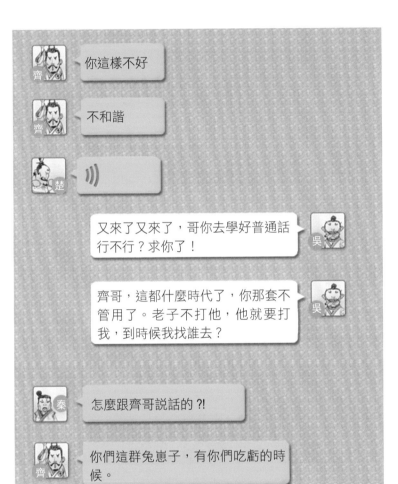

是啊，小吳，哥也要說說你，咋一上來就往人要命的地方踢啊?!

裝，繼續裝！

 剛有人加我微信，叫什麼越越的，你們認識嗎？

認識認識！是個小流氓，齊哥千萬別理他，上學期剛跟他吵完，開學我就弄他。

 你看看，注意你的素質！

 話說前兩天約小魯出去喝了杯咖啡，你們向人家學學，多有禮貌，又有學問，大家都這樣多好。

 拉倒吧，那個傢伙。光是嘴上說，一肚子壞水，他私底下收人家保護費你知道嗎？

我早看他不順眼

滾滾滾開！

行了，行了，不聊了，管仲老師剛
打電話，說有事商量。

齊哥拜拜，我也要去太湖划船了。

哎對了，小吳

聽說越越家裡有個妹子特別漂亮，
叫什麼施來著。

不可能，那種鄉下地方會有妹子？

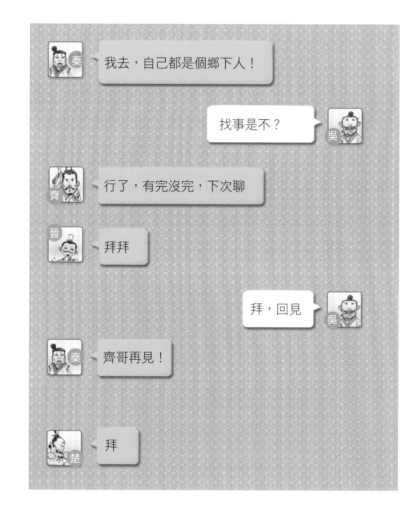

四、如果東周列國是個班級，

這事就好理解了 3

如果我們把東周列國比做一個班級，那麼，周老師和他的學生們已經度過了其樂融融的第一學期，那個學期叫做**春秋**。

我們把春秋這個鬧哄哄、亂糟糟的時代稱為「其樂融融」，完全是因為班級正在面臨下一個學期，這個學期叫……

戰國。

首先讓我們簡單地了解一下，春秋和戰國有啥不一樣。

　　這是春秋，大家要面子，同學們打打鬧鬧，就想弄個班長當當，後面跟著小弟很拉風。打架也很少下狠手，吵完打完，各回各家。

是的，整個學期，孩子們就這點出息。

　　這是戰國，大家很務實，再沒興趣收小弟了，班上開始流行直接下狠手、搶地盤、吃獨食 ❶。那被搶的孩子們怎麼辦？能怎麼辦？地盤都沒了，退學吧。戰國，就是個大規模退學潮。

所以，從春秋到戰國，同學們從榮譽之爭忽然升級到生存之戰，衝突瞬間白熱，再加上班主任一如既往的淡定。

雞飛狗跳的戰國時代就這麼開始了。

好了，現在是戰國部分。

戰國這個學期很亂，但這也難不倒我們，把它分成兩個階段就好理解了。

一、自由淘汰

這個階段，全班上演弱肉強食，各片區 ❷ 的大佬們瘋搶身邊弱小同學的地盤，一邊還不忘跟實力對手過過招。

二、終極 PK

這個階段，班上只剩下各片區的大佬們獨霸一方，各自虎視眈眈，直到某同學忽然開啟神一樣的升級模式，天下最終歸一。

很明顯，在第一個階段，班裡各自打得天昏地暗。這種混亂的情形下，不存在一條清晰的線索，可以串起所有事件，

所以這真是個好消息！

時間順序終於不那麼重要了！

只需要輕鬆聽幾個故事，就可以在大家面前風輕雲淡地說：

戰國？
不就那麼點破事？

好了，我們來看看戰國這個新學期，班裡到底發生了什麼，到底怎麼個亂法。

CASE 1——傳統的私人矛盾

剛開學不久，就出了不得了的事情：

小吳被越越打了！  **VS**

江蘇新同學小吳才來班裡沒多久，就把湖北老同學阿楚打得七零八落，從此名聲大震，成為班裡一霸。

誰知道，打南邊的浙江來了個更加難搞的越越，兩條地頭蛇瞬間衝突起來。最後結果，浙江代表隊勝出！

吳越春秋，又名「浙江洗衣妹玩轉江浙滬」。
吳王夫差的老爹闔閭死在越王勾踐手上，為了報仇，他帶著小弟狠狠地砸了勾踐的場子，然後犯了一個主角標配 ❸ 的錯誤。

你走吧！
我不殺你！

這句需要主角光環才罩得住的臺詞，讓夫差二十年後慘遭勾踐滅國。

在勾踐逆襲的過程中，他的美女助理西施起了極大作用：她深入夫差集團，展開麻痺吳國領導的工作。長得漂亮只是她的一般攻擊技，她那「十六歲的人，六十歲的心臟」更是大絕招。

哎呀，
疼疼疼！

據說她沒事就心塞 ❹，然後摸著胸做痛苦狀，那風韻次次都直擊夫差命門，讓這個暖男瞬間墜入溫柔鄉無力自拔。如果不是西施這個神助手，句踐光憑自己那些著名的「降低食宿標準這樣可以很勵志喔」的計畫，估計二十年下來，夫差沒死，自己一把老骨頭先散了架。

誰給拿的這麼
大顆的膽？

越王勾踐臥薪嘗膽

吳國滅亡之後，關於西施的結局有無數種說法。大家貌似最喜歡她和她的暖男知己——勾踐的死黨范蠡——泛舟西湖、朝著夕陽遠去這個版本。

範啊，我想聽白娘子的故事

西，現在是東周，白娘子現在還是條長蟲

小吳這一架徹底被打敗，慘到什麼程度？

地盤被越越搶走，自己只能捲鋪蓋走人了！堂堂的地方一霸，就這麼從班裡消失。

這個事件，成了戰國時期同學們解決矛盾的標準流程：

該留的留，該走的走。

就像阿楚趕跑了小魯；

就像小齊趕跑了小宋；

就像臨演天團，最後一個也沒剩下⋯⋯

CASE 2——自家後院起火事件

　　越越打完小吳，老晉家又出事了。老晉家裡有錢，養了無數個小弟鞍前馬後。

　　可是，就跟所有黑幫電影一樣，總有些老大腦門上插著一塊牌子，上面寫著「馬仔 ❺ 上位，由此經過」。

有一天，家裡三個最有本事的小弟：**阿韓、阿趙、阿魏**合夥瓜分了老晉的地盤、趕走他，成了班裡的新同學。

老晉，諸侯中的戰鬥機，叱吒了一整個春秋的風雲，剛開學就被自家小弟趕走，消失掉了。這件事情史稱「**三家分晉**」。

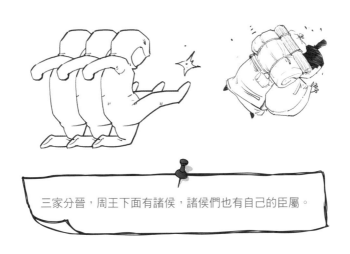

三家分晉，周王下面有諸侯，諸侯們也有自己的臣屬。

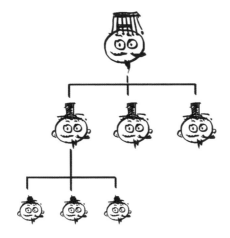

晉國屬於超級諸侯，強到家裡隨便挑一個手下都可以跟別的國家單挑。結果這幫手下自己在家窩裡鬥，鬥到最後只剩三大家族：韓氏、趙氏、魏氏，號稱「戰國小虎隊」。

趙　　魏　　韓

小帥虎　霹靂虎　乖乖虎

而這個時候，晉侯已經管不住這些小弟了，終於有一天，韓趙魏聯手廢掉老大，瓜分晉國土地，歷史悠久的晉國就這麼滅亡了；代替它的，是三個一出現就以超強實力躋身第一排的新貴：韓、趙、魏。

所以韓國、趙國、魏國是戰國時期才有的國家，如果誰跟你說：「春秋時期的趙國好厲害啊！」請立刻用你最熟悉的姿勢嘲笑他！

CASE 3——後院起火並且很詭異的山寨事件

有一天早上，大家忽然發現老班長小齊不在，他的位子上坐著一個陌生人。奇怪的是，他非要說自己就是小齊，你說詭異不詭異？

家裡小弟太多，是一件快樂並危險的事情。老晉是一個教訓，但不是唯一一個。

小齊，偶像級男神，曾經是人世間最閃耀的那顆星，但也經不住歲月這把殺豬刀，虛弱到最後被小弟頂了包，趕了出去。

不過這個小弟可能當慣了馬仔，不夠自信，到了班裡不敢跟韓、趙、魏一樣大方見人，非要穿著小齊的衣服冒充老東家。

　　新的小齊雖然是山寨貨，但實力不容小覷。這個山寨小齊，一直在班級的刀光劍影裡撐到了最後。

呵，呵呵……

齊國曾是「史上第一神棍」姜子牙的封地，世世代代齊王都是姓姜；可是最後大權旁落，一個姓田的家臣放逐了最後一任姓姜的齊王，自己接管了齊國封地，卻仍繼續稱齊國。於是東周的齊國有兩個：姜齊和田齊。

　　他們的關係大致是這樣：

春秋　　　　戰國

姜齊　　　　田齊

春秋年間的齊國　　戰國年間的齊國
全部是姜齊　　　　基本上是田齊

CASE 4——打架打出三角關係

從老晉家出來的韓、趙、魏,個個實力超群,都不是省油的燈,除了欺負別的同學,還常常關起門來內訌。

阿魏是其中最熊的一個,沒事就跑到阿趙和阿韓家鬧事。

可是他每次一出門鬧事,小齊就會跑到阿魏家去砸玻璃。阿魏每每半途放棄、回家救急,幾位同學活生生把打架打成三角關係。

後來才知道,人家背後早商量好了,這一招叫**「圍魏救趙」**。

魏國出兵攻擊別人(趙國和韓國)時,齊國就跑去進攻魏國的大本營。這條計策既救了友國,又避免了跟魏軍正面碰撞,真是高到沒朋友。

不過這個故事最傳奇之處，還是這幾個大名鼎鼎的主角，鬼谷子的兩個學生：

鬼谷子

……

爺爺是孫子，
孫子是爺爺，
哈哈哈好好笑

腹黑師兄龐涓

蠢萌師弟孫臏

人家叫鬼谷子而已，一定要長得跟鬼一樣嗎？

龐涓畢業後，在魏國當了大官，把師弟孫臏也介紹了過去。可是後來他嫉妒孫臏太有才華，開始陷害孫臏。最後孫臏被挖掉了膝蓋、逃到齊國，並受到重用。龐涓攻打趙國和韓國的時候，孫臏兩次帶著齊國的部隊直接進攻魏國；龐涓不得已帶兵回來救火，最後兵敗死於亂箭之下。

來啊來啊，你來打我啊，你來打我啊！

CASE 5──三角關係還不算什麼，五個組團打一個你聽過嗎？

這事還得從不逞能就會死的小宋說起。這貨憑著對實現自我價值的滿腔熱誠，一直從春秋犯賤到戰國。他實力最爛，又坐在所有大佬之間，卻最喜歡惹事，常常左右撩飭 ❻，結果把小齊給惹毛了。

坐在這種地方，你說你不想辦法活下去，跟人瞎聊什麼自我價值啊？

這個山寨小齊可不比老班長那樣寬厚，一腳把小宋踢出了班級，占了他的地盤。

結果這個吃獨食的舉動，一下把小宋旁邊的其他大佬惹毛了：**阿韓、阿趙、阿魏、大燕**和**大秦**五個同學合起來，把山寨小齊打了一頓結實。

這一架，基本上打掉了小齊積累了多年的威信，從此班裡的局勢慢慢改變，這個事件史稱**「五國伐齊」**。

宋國地處各個大國中間，常年緩衝大家的衝突。最近剛滅了幾個五流的小國家，常常喜歡到處占便宜、耍威風，再加上腦袋被門夾了一下，自信心爆棚，跑去齊國占了人家幾塊地盤，因小失大，結果被齊國整個吞掉。

哎媽！虧大了！

不過齊國這一下也惹到了宋國周邊的大國。本來一桌人圍一塊蛋糕，他一口氣過來全吞了，你說你生氣不生氣？於是韓趙魏秦燕五國組團伐齊，齊國大敗，雖然後來得以復國，但齊國那些年積累的好評毀於一旦。

五、如果東周列國是個班級，

這事就好理解了 4

江湖中有這麼一個傳說：世上有七個大佬，只要集齊這七個大佬，就可以召喚出……

……就可以召喚出…… **天下歸一！**

戰國這個學期已然過半，一番混戰把班裡清得乾乾淨淨，那些成績不咋地的落後生幾乎全都去領了便當 ❷。

教室被分成七大片區，七個大佬端坐其中，各自虎視眈眈，沒日沒夜地扯皮 ❸ 打架，就為了有一天可以獨吞整個教室。他們就是戰國七雄。

　　就剩這麼幾個同學，故事變得簡單，再沒有春秋時代的此消彼長，也沒有戰國初期的四面開花。不過簡單不等於平淡，留下來的同學都不是省油的燈，個個戰鬥力爆表、身懷絕技⋯⋯

胸口碎大石！　　　　　　噴火！　　　　　　吞劍！

你們夠了！
檔次太低了！

現在我們來看看這七個大佬是誰：

大家好，我們是**戰國七雄**！

小齊 阿韓 阿趙 阿魏　　　　大秦 大燕 阿楚

人生贏家組：
他們系出名門，家底深厚，
屬於贏在起跑線上的同學。

草根組：
他們或天資平平，或出身粗鄙，
但都成功地躋身七雄。

　　打架的事我們就不多提了，戰國最沒創意的事就是打架；不是
單挑，就是多打一，再不就是組團打群架。

　　　　高手過招，誰也搞不定誰，
所以我們別扯那些沒用的，看看
還發生了其他哪些大事吧。

一、變法圖強：不創新，就沒有出路

如今時代不同了，想要在班裡立足，就得有點創新意識，大家都明白這個道理。那麼大家都做了些什麼呢？

阿魏，頂尖高手，實力強勁、思想先進，第一個請家教的，用高薪聘請政法大學博士生導師李悝（音「虧」），實力暴增，一度成為「下任班主任最佳人選」。可惜後來疏於學習，一蹶不振。

魏國在戰國初期實力強到爆。最要命的是特別敢創新，找來一堆人才，第一個搞變法。

去吧，
皮卡丘！

法家的高材生
李悝

政治系主任
吳起

水文地質專家
西門豹
（把神婆扔到河裡的猛男）

　　這些各學科的領頭人全方位、多角度地進行立體包裝，把魏國打造成獨孤求敗，從此如虎添翼。但後來漸漸沒落，這是後話了。

　　阿趙，時尚潮男。自學服裝設計，借鑒了隔壁野孩子的當季流行款式，獲得「年度最佳服裝設計」，打扮得加倍精神。這人一精神，騎馬也舒服了，打架也有勁了，這事大家稱為**「胡服騎射」**。

> 趙國在北邊，常跟野蠻人打交道，有一屆領導人叫做趙武靈王，發現人家野蠻人也不是沒優點的。

人家的衣服很好看嘛！打起架來很方便嘛！

　　於是立即在全國推行「向野蠻人學習」活動，學人家穿著、學人家打仗，國家戰鬥力隨之飆升。不過，這種程度的改革只偏重軍事，沒什麼後勁，始終沒能讓趙國更上一層樓。

阿韓，「戰國小虎隊」中的學渣，也找了家教補習，可是資質太差，實在扶不上牆，所以從來沒給人驚喜過，自始至終都是個二流角色。

小齊，象徵性地找過些家教……好吧，你就當他沒找過好了。

你要是萬年老學霸，你會花錢請家教嗎？

大秦，不溫不火坐在角落，長期悶頭學習，總是不開竅。後來走狗屎運，政法大學的**商鞅**主動找上門來，死活要免費輔導。

這個嚴厲的全國優秀教師劈啪幾下，打通了大秦的任督二脈。

從此，這個西部農村草根青年脫胎換骨，攻擊力、防禦力和血槽 ❹ 一下子全滿，瞬間傲視群雄，成功逆襲。

阿楚，這位勇猛的漢子當年被小吳 K 了一頓，淪為二流角色。可是養了半學期傷之後，也有個超級厲害的家教吳起送上門來。

三兩下阿楚滿血復活，差點又要問鼎中原。可惜吳老師沒教幾天就死了，不然後面還說不定什麼情況呢。

吳起，之前在魏國當官，被陷害後跳槽到楚國，三兩下就把老不死的楚國整治得煥然一新。他有多厲害呢？比著名的男神商鞅還厲害。聽過商鞅著名的「誰把木頭搬到城北門就賞五十金喔」事件嗎？這招就是跟吳起學的。
那為啥吳起名氣沒商鞅大？

1. 只供文青吹牛。

 商鞅

普通青年吹牛專用

 吳起

文藝青年吹牛專用

2. 死太快了，剛變法沒幾天，吳起就被亂箭射死了……所以楚國的變法中途歇菜 ❺，不然後面可能會很猛很猛喔。

溫馨提示

變法有風險！

投資需謹慎！

慘死二人組

大燕，這位老北京來的同學，資質差、反應慢，除了反射弧持長，身無長物。別人在玩命補習的時候，他保持蠢萌，所以能從春秋混到戰國，再混進七雄，屬於靈異事件。

反射弧可以繞地球五圈

不過燕國也不是沒出過厲害的傢伙。燕昭王就很有本事，他高薪聘請猛男樂毅，帶著五國聯軍差點把東方霸主齊國滅掉。還有一個比他們更有本事的人，叫荊軻。

兩千年後，另一個很有本事的聯軍總司令，艾森豪。

好了，到這裡，大家都磨磨嘰嘰 ❻ 地做完了準備活動，該幹點正事了。

經過商鞅老師的調教，大秦「嗖」的一聲變身全班的霸主、絕對的主角，從此以後，圍繞著大秦發生的，那才叫事情。

就是這麼跩！

二、合縱連橫 & 遠交近攻：忽悠 ❼，接著忽悠

七個同學之中，忽然有一個人特別拔尖了，可以藐視所有人了，你猜會怎樣？當然是其他同學組團打壓了。

為了 PK 大秦，其他同學立即抱團 ❽。在六對一的局勢下，搞關係成了最有效的手段：誰能拉攏人手、瓦解對方，誰就有機會勝出。

大忽悠時代來了。

這個時代的精髓，是三個嘴上功夫最好的男人。

蘇秦
（合縱）

張儀
（連橫）

范雎（音「居」）
（遠交近攻）

有一天，大燕說：

> 咱們手拉手、心連心，一起弄死大秦吧！

> 好耶好耶！

於是大家愉快地建立了一個從南到北的朋友圈 ❾，圍堵西邊的大秦，這個朋友圈叫「合縱」。

燕國的建議來自一個窮得連飯都吃不起的純草根——蘇秦，懸梁刺股這個故事說的就是他。

他的建議獲得了其他五國的好評，於是鹹魚翻身，同時擔任六國 CEO，號稱「六國大封相」，親身指導六國合縱，逼得正在凶猛發育、精力旺盛的秦國憋在家十五年不敢出頭。

人心一散，
隊伍就不好帶了。

　　不過大秦也很精，很快就看出合縱的弱點，人多的問題在於：各自心懷鬼胎。

於是一個專門破解合縱的計畫誕生了：連橫。

什麼叫連橫，說白了就是挑撥離間、從西向東挨個拜把子 ❿、說壞話，最後逐個擊破。

聽我說，小齊那天說你就是個蠢貨……

你還在猶豫嗎？你還在等什麼？快快拿起手機，加我好友吧！

張儀，又一個吃不起飯的推銷員，跑到秦國成功地推銷自己的連橫策略，並被派出具體實施，怎麼實施？忽悠！

從此這個戰國第一大忽悠，從陝西忽悠到山東、玩弄六國於股掌之上，活生生把這個同盟玩垮了。

不誇張地說，張儀，史上最會說話的男人，幾乎用嘴推動了整個歷史。

　　玩完了連橫，大秦開始著手占領整間教室這事了。不過你再強，也不可能一口氣把大家全趕出去吧，於是大秦又想出一招，它給已經瓦解的六國同盟再補了致命一刀，這就是著名的**遠交近攻**。

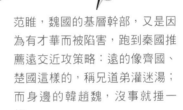

范睢，魏國的基層幹部，又是因為有才華而被陷害，跑到秦國推薦遠交近攻策略：遠的像齊國、楚國這樣的，稱兄道弟灌迷湯；而身邊的韓趙魏，沒事就捶一頓。

　　這個聽上去就比較沒節操卻又很有效的策略，把所有對手都孤立起來，也讓秦國的國土從此由中心不斷輻射壯大。

這個外交策略，
希特勒到了二戰還在用。

I 服了 U！

三、天下歸一：同一個中國，同一個夢想

都到這一步，還說啥咧，看大秦怎麼一個一個收拾他們吧。

Let's Go!

阿韓，這位萬年老末 **⓫**，又不上進，又坐在大秦旁邊，不打他打誰？於是他第一個被趕出去了。

阿趙，穿著很酷的戰鬥服，可是沒酷起來，有一次被大秦打得皮開肉綻，慘得多看一眼都要流淚，隨後被趕了出去。

長平之戰中，秦國將軍白起這標準的戰犯，一口氣殺掉趙國四十五萬俘虜，相當於全國所有的青壯勞力，導致趙國後來只能坐以待斃。趙國的指揮官叫趙括，一個說起來舌燦蓮花，做起來全面抓瞎的傢伙，「紙上談兵」說的就是他和長平之戰的故事。

阿魏，曾是最有本事的大佬，可惜沒有堅持住，最後被大秦一場大水沖走了。

秦國決了黃河堤，往魏國首都大梁灌水

不用介紹魏國曾有多厲害，也不用介紹它怎麼墮落的，我只告訴你：商鞅、吳起、范雎、孫臏、張儀、信陵君（請去問老師「竊符救趙」的典故）、樂毅，他們都曾是魏國的打工仔。

阿楚，勇武的大佬，早不是當年那個話都說不明白的蠻子。可是在大秦每天挖空心思坑人的關鍵時刻，精明強幹的阿楚忽然腦子短路、無故賣萌，被大秦耍得體無完膚、搖搖欲墜，最後被一腳踢出去了。

楚懷王，歷代楚王裡面最蠢萌的。張儀用土地做誘餌，讓他幹嘛他幹嘛，讓他去哪他去哪，最後死在秦國的大牢裡，這事活活把他的大臣屈原氣死，成就了今天的端午節。所以這楚懷王教會了後人很多道理：

如果不是你，我永遠不會知道：

有人吃鹹粽子還要沾糖！

大燕，這位同學實力不行，但又很想上頭條。知道打不過，就在背後捅刀子。結果一個手抖失敗，被飛踹踢了出去。

燕國最著名的不是燕昭王，不是樂毅，不是「六國 CEO」蘇秦，而是愛國青年荊軻。他懷揣著解放全人類的偉大夢想和管制刀具，混過安檢，想一刀捅死秦王。

結果被保安制服。
這次失敗的行刺給了秦王篤定的藉口，理直氣壯地把燕國給滅掉了。

　　小齊，東方霸主，人稱東方不敗，可是後期智商餘額不足，因為大秦一直對自己笑臉相迎，便天真地相信人家會跟他共享太平天下，直到自己也被一腳踢出去，才恍然大悟。

齊國發揚國際主義精神，完美地配合了遠交近攻的策略。它一直冷眼旁觀大家被秦國吞併，等於送給秦國無數助攻，可是秦國最後忽然翻臉，把齊王給流放了，齊國這隻大青蛙，最終死於遠交近攻這鍋溫水。

　　到了這裡，大秦這個西部農村草根，終於力克群雄，占領了整間教室，東周列國的故事就到這裡了。

如果有必要，請記住朋友聚餐飯桌吹牛六字訣：

「韓、趙、魏、楚、燕、齊」

六國就是按這個順序滅亡的。

記不住啊！

那我們把秦也放到順序裡——**「韓趙魏楚燕齊秦」**。

請跟我念：
「喊趙薇去演齊秦。」

→其實最後滅亡的是衛國，到了秦始皇的次子胡亥在位時才幹
　掉它。估計是太沒存在感，被忘了吧。

→趙國第二個被滅，但仍然有殘留勢力，後面才滅乾淨，所以
　六國滅亡的順序也有不同的版本。

→我們忽然發現，周老師哪裡去了？其實他在六國滅亡前就被
　秦國幹掉了。

→諸侯們最後自己稱王，地位和周王平等。周王不開心。貸款
　雇了一堆人準備攻打秦國，結果人還沒到齊，事就黃了⓬。
　借的錢又還不上，最後在一個高臺上躲債。「債臺高築」，
　這個詞就這麼來的。

→魯班和墨子在戰國期間鬥過法，被墨子秒了⓭，九戰九輸。

→韓非子是個結巴。

好了，故事講完了，根據劇透⋯⋯

　　大秦占領教室之後，屁股還沒坐熱，就讓別人給踢下來了，咋回事？

東周列國大事記整理：

約西元前四九六年～西元前二二一年

西元前四九六年，吳國雖然打敗了楚國，但所謂一物剋一物，吳國旁邊的越國也忽然厲害了起來，他們領導叫勾踐。吳國跑去打越國，沒打贏，闔閭自己也受傷死掉了，他兒子夫差成了新的吳王。

西元前四九四年，夫差給老爹報仇，又去打越國，這次勾踐輸了，但夫差沒殺他，只羞辱了他一頓。

西元前四七三年，勾踐臥薪嘗膽二十年，反手把吳國給滅掉了。可是越國後來也不咋地，沒了勾踐，自己就慢慢沒落下去了，最後在戰國時期，被楚國悄悄滅了。這個冤冤相報的故事就是吳越春秋。

西元前四〇三年，以前晉國的小弟韓、趙、魏，得到了周天子的親切任命，地位提升到跟晉國平起平坐了。知道啥意思嗎？這就是要跟大哥叫陣了。

西元前三八六年，齊國有個大臣叫田和，把大哥給趕下來了，自己成了齊國的領導，也得到了天子的親切任命，於是以前齊國姓姜，姜子牙的姜，之後的齊國姓田，田雞的田。

西元前三七六年，韓、趙、魏終於對大哥晉國下手了，他們一起把大哥給瓜分掉，從此晉國沒了，變成了韓、趙、魏。山西現在又叫「三晉」，就這麼來的。

西元前三六一年，秦國從秦穆公之後，沒什麼能人，悶了好些年，今天終於又開始崛起了，因為秦孝公上了臺。從這個秦孝公開始，秦國就一直沒慫過。

西元前三五九年，秦穆公的小夥伴商鞅開始變法，開始培養秦國一統天下的氣質。

西元前三五三年，韓、趙、魏中，魏是最厲害也最淘氣，總想吞併韓趙兩家。魏國的龐涓帶人欺負趙國，齊國看不下去了，派孫臏來圍魏救趙。

西元前三四一年，又是魏國的龐涓，這次帶人欺負韓國，齊國又看不下去了，又派孫臏，又圍魏救趙，一個坑裡連摔兩次，這就是表面上很強大的魏國。

西元前三一八年，大家一塊來打秦國，楚、燕、韓、趙、魏都打進了函谷關，結果被打回去了，秦國已經強成這樣了。

西元前三〇七年，趙國的趙武靈王掀起時尚新潮流，向北方的野蠻人學習，胡服騎射。

西元前二九六年，楚懷王，楚國最萌的國君、屈原的老大，被秦國一頓騙、一頓打、一頓關，這一年終於厭倦了這樣的人生，死在秦國。

西元前二六〇年，秦國趙國開戰，發生了著名的長平之戰。趙國四十五萬俘虜全死在秦國白起手下，慘得一塌糊塗。趙國的將領就是「紙上談兵」的趙括，趙國從此一蹶不振。

西元前二五六年，秦國還沒開始收拾掉同等地位的諸侯，倒先拿老領導周天子開刀，這一年秦昭王直接滅掉了東周，從此沒了天子，天下只剩諸侯們。

西元前二四六年，秦國的嬴政上了臺，經過祖宗八代的鋪墊，他開始瞄準全國諸侯，啟動了統一中國的升級任務。

西元前二三〇年，秦國先滅了韓國，因為它最弱。

西元前二二八年，秦國滅了趙國。

　　西元前二二七年，燕國看情況不太對，想劍走偏鋒，找了個愛國青年荊軻去行刺秦始皇，沒成。

　　西元前二二五年，秦國決了魏國的堤，水直接灌到首都大梁，然後把魏國給滅了。

　　西元前二二三年，秦國滅了楚國。

　　西元前二二二年，秦國想起了五年前的荊軻，心裡很惱火，滅了燕國。你看這時間選的。

　　西元前二二七年，最後一個大佬，最東邊的老牌諸侯齊國，被秦給滅了。

　　春秋戰國到此結束，大秦帝國開始了。

二混子說戰國

　　歷史都是人創造的，是人就有人性，戰國時代就是人性最好的注解。

　　明明你已經是個國王，吃不愁穿不愁，還有無數保姆管家伺候著，你發發朋友圈享受下生活不好嗎？幹嘛還要去打打殺殺呢？

　　你別不理解，輪到你也一樣。好比你的同事張大牛，能力平平，卻當上了經理；即便你衣食無憂，你還是會想：什麼情況？怎麼不提我？

　　這就等同於戰國時代，在你旁邊放個弱不禁風的國家，土地還肥得流油，你也會想：不對啊，我這麼強，我才配擁有這樣的土地啊！

　　這就是人性，永遠不滿足。

　　當然了，人性還有更多正能量的部分，所以會有信陵君竊符救趙的大義、廉頗負荊請罪的知恥，還有荊軻刺秦王的壯烈。

　　所以我們說，歷史沒那麼玄，歷史人物也沒那麼遙遠，所有這些事，都是人幹的。

六、端午節你到底關心過
人家屈大夫沒？

就知道吃！吃吃吃！

又到一年端午節，熟悉的一幕又上演了：

混子叔，端午節為啥要吃粽子啊？

為了紀念屈原啊。

屈原是誰啊？

是古代著名的詩人，因為國家淪陷而自殺了。

直到這裡，形勢還是相當樂觀，氣氛和諧完滿，一切盡在掌握中。

看到了嗎，發展到這裡，局
面已經失控了。

是不是忽然覺得自己水平不夠高？了解每一個典故、每一段故事的來龍去脈，是提升知識水平的重要手段。屈原，屈大夫，歷史上有頭有臉的老憤青，人家連命都不要了，你們不要只知道吃粽子！

不要隨隨便便一句話就把人家概括了好嗎?!

屈大夫

說……

說得好……

那今天我們好歹多了解一點好嗎？

故事發生在東周（戰國）的後期，這個時候的國際形勢是這樣：總的來說，戰國期間，中原共有七大強國。

秦、齊、燕、楚、韓、趙、魏，

他們就是戰國七雄。

其中秦國已經變成了頭等強國，正在著手建立天下一統。他派出張儀——史上最能說的男人，憑藉「連橫」策略和高超的外交手段逐個分化六國朋友圈。

———————————— 不怎麼華麗的分隔線 ————————————

以上是歷史背景，下面是乾貨❶！

　　屈原，楚國人，某一任楚王的後代，也算是個皇親國戚貝勒爺，跟「中山靖王之後」的劉備哥哥類似。

　　不過前半輩子比劉皇叔幸運些，不用擺地攤賣鞋，當了個大官叫「左徒」。

行了行了！

　　「左徒」是個楚國特有名的官名，誰也搞不清楚到底啥官，但常常可以跟楚王開會議事，絕對是個大官。

楚國的國君──**楚懷王**。

上面說到,各國君主都被秦國的張儀耍得團團轉,而這個楚懷王,就是其中被玩得最慘不忍賭、體無完膚的那一個。

秦王說了,只要你跟齊國斷交,立馬送你們六百里地,建影視城都行了大哥!

好,成交!

秦國──張儀

楚懷王

兄弟,以後別來往了,我不愛你了!

什麼玩意兒!

齊王

然後楚懷王興奮地跑去問張儀要地，結果張儀裝生病不見，楚王竟然以為是自己的表現還不夠有誠意，又跑去罵齊王：

我說你是蠢貨，你信不信！

咦咦咦？

張哥，我表現如何？六百里地呢？

六百里？你腦子讓門夾了？我說的是六里！

能混成這樣的一國之君，腦子裡進普通的水是不夠的。

必須是滾燙的開水。

那是誰經常往楚懷王腦子裡灌的開水呢？懷王下面有個大臣叫靳尚，還有楚王宮裡的幾個小老婆、小弟，這些人早就被張儀買通了。這個朋友圈常常灌輸楚懷王要抱秦國大腿這個中心思想，而他們，就是屈原的政敵。

在奸臣慫恿下，懷王對屈原的「堅決抗秦」很沒興趣；加上屈大夫直腸子不會做人，靳尚又專職陷害抹黑屈原。自古義士多磨難，於是屈原先是被貶官，然後終於有一天被趕出了都城，流放到漢北（現在湖北某地）一帶。

注意喔，這只是屈大夫第一次被流放……

屈原曾經力勸楚懷王殺掉張儀。我們知道，秦國能如此順利地把六國各個擊破，儀的「連橫」策略很關鍵，可惜楚王沒聽。試想：如果當時楚王聽了屈原一言，那屈大夫便不只是個詩人這麼簡單，可能要改變歷史了。

　　隨後過了好些年，屈原回到都城，可是一回來，又碰到秦國故技重施……

兄弟，來我們陝西吃個拉條子 ❷ 吧？我請客！

　　這次是楚懷王坑爹 ❸ 的小兒子子蘭，一心慫恿老爹前去赴約。

爹，咱得去啊！人家麵都下了，不去就浪費了！

你咋不怕把你爹給浪費了 ?!

懷王小兒子——子蘭

　　懷王還真就去了，結果一到秦國，就被關了起來。僅僅兩年，楚懷王堂堂一國之主，病死在別人的牢裡。

一碗拉條子還挺貴的啊，命都搭上了……

　　新的楚王（楚襄王）即位後，子蘭當上了宰相；因為他害得楚懷王被囚，屈原見一次罵一次。結果子蘭暗地裡謠言中傷，屈原又被逐出都城，流放到了現在湖南、湖北一帶。

這次流放期間,秦國名將白起帶兵攻陷楚國都城,屈原心裡悶得要命,走到汨羅江邊,一下子沒想通,跳江了。這一天是五月初五,古代人們稱「初始」為端,

所以這天也叫端五。

當然，歷史上因為愛國愛出人命的事情不少，為啥屈原這麼有名，關鍵還是有文化！

屈原是個詩人，他開闢了一種新的文體格式，叫「楚辭」，也叫「騷體」。當時北方有《詩經》，南方有《楚辭》，並稱「風騷」二體。所以要想在社會上混出點名堂，有文化才是王道。

這你都懂？

不懂，網上抄的。

七、大秦帝國

——過把癮就死

現在我們接上雞飛狗跳的東周列國，繼續沿著中國歷史的脈絡
梳理下去。

那麼請大聲回答我：

東周之後是哪個朝代 ?!

回答不出來的請自動闔上書，繼續安心地上歷史課吧！

好了，廢話少說，今天的主題是：

大秦帝國——過把癮就死

其實我想了半天，也沒覺得秦朝能有啥好說的。你們都知道它對於中國乃至世界歷史的重要意義，你們都能說出秦朝的文治武功，你們都是有文化的人，對不對？你們什麼都懂的對不對？我看到人群中有人低下了羞愧的頭……

好了，沒有關係，混子哥今天帶你裝一回學霸：提到秦朝，我們必須先記住一個數字：

 西元前二二一年～西元前二〇六年

這個如雷貫耳的朝代只活了十五年，卻打下了今後兩千年封建帝制的基礎。

這個事件告訴我們，濃縮的一般都是精華。

下面我們以秦始皇嬴政為線索，順藤捋一下大秦朝那些事兒。

提到嬴政，混子哥內置的八卦模式就自動開啟了：傳說他根本不是嬴氏原創的血脈……

而是「隔壁王叔叔」呂不韋的兒子。

這種花邊八卦小道消息，我可以愉快地碼上五千字 ❶ 不帶上廁所，以後專門聊，今天只簡單地提一嘴。

嬴政他爹叫**嬴異人**，本來是當不上太子的，可人家一腳燦爛的國君命，邂逅了河南土豪、天使投資人——呂不韋。

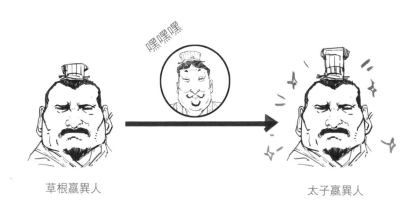

草根嬴異人　　　　　　　　太子嬴異人

這個老狐狸竟然想辦法讓嬴異人當上了太子，不僅花重金全方位立體包裝，還贈送了自己最喜歡的妹子，就這個妹子，後來給嬴異人生下了嬴政。

有八卦消息透露，呂不韋把妹子送給嬴異人的時候，已經大了肚子。所以，關於嬴政他爹到底是誰，在坊間還是個謎……

你夠了！

好了，我們嚴肅一點，不要老在意這些細節！來聊點高大上的。

嬴政當然不是盞省油的燈，十三歲當上霸氣總裁，早就明白攘外必先安內的道理，滅六國之前，一口氣除掉兩個內患：

乾爹呂不韋
因為投資贏異人，
順利當上了秦國丞相。

精壯純爺們嫪毐（音「烙矮」）
傳說他的那話兒可以舉起
一只車輪⋯⋯

這哥倆一個仗著年紀大，把持朝政；一個仗著魅力大，把持贏政他媽。還都有同一個美麗的夢想：**當老大**。

兩個看上去很難搞的角色，結果被贏政略施小計，一炮兩響雙雙擊倒。那年贏政才二十二歲，屬害吧？都快趕上一生下來就打死蠍子精的葫蘆娃了。

吞併六國後，全中國就他最屬害，玩點啥好呢，那就登個基吧。

這時候，秦朝正式建立，三十九歲的嬴政成為「皇帝」，取自「三皇五帝」，翻譯成中文就是：

我天下第一，
愛咋咋的 ❷ ！

也是從這個時候開始，秦朝創造了中國皇帝專制模式，一朝替代一朝，延續了兩千年。接下來，我們來梳理一下秦始皇主要幹了哪些大事。別人要問你秦朝歷史，別再只會說統一度量衡了好嗎？

一、確立「三公九卿」和「郡縣制」

以前東周列國的各國官員組織很雜很亂，秦始皇決定採用「三公九卿」制度，聽起來可不得了，其實別整那些沒用的。

老大

宰相級：

太尉　　　　　丞相　　　　御史大夫

（軍事）　　　（行政）　　（監察政風）

部長級：

　　皇帝下面三個人：管打仗的、管國家事務的、管作風建設的，互不從屬，三個都是男人，叫三公。

這三個人就是我們常說的「宰相」。宰相不是一個官名，而是一種非正式的叫法。

這三個王的男人下面有九個具體部門，分管從飛機大炮到吃喝拉撒所有事，皇帝每天對這九個部門負責人說：

「幫我管一下伙食好嗎親 **❸** ？」

「幫我去收個保護費好嗎親？」

⋯⋯

「幫我派兵去教訓一下那個誰好嗎親？」

於是他們叫**九卿**。

這個制度一直用到隋朝，被「三省六部」替代，就是兵部、禮部、工部、吏部什麼的，以後再說。

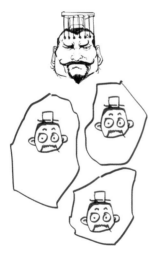

「郡縣制」就類似我們現在的省市劃分。以前全中國的地都分成一塊一塊的，表面上是天子的，其實都分封給了各個諸侯，你愛建啥建啥，這叫「封建」，死了還能傳給兒子，世代享有。

現在呢，改郡縣了，土地全是皇帝的，直接把人扔過去當官，退休了管不動了或生病沒藥醫了，就再扔一個，不得傳給兒子，這就叫「集權」。

郡縣制是周朝典型封建制度轉向皇帝集權的開始。

不過，以上兩樣不是秦始皇首創，以前就有，是嬴政把它們確立了下來。

二、統一度量衡、文字、貨幣等

這個不用多說，小時候老師敲的黑板，至今還餘音繞梁。

以前東周列國時代，趙國一斤等於魏國八兩；秦國人寫個合同，楚國人看不懂；出國買隻雞，能買得家破人亡。

各國的錢也不一樣。給你個螺母，以為是人家出了新款貨幣；新買輛車只能小區開開，不敢開出國，軌不一樣寬，分分鐘堵死在路上。

　　秦始皇立即統一文字、尺度和貨幣，從此一家人不說兩家話，再到處修個高速、挖個運河啥的，從咸陽輻射出去幾條大道通往全國各地，打通帝國的任督二脈。

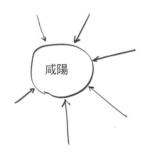

　　就這麼一招，把全中國從骨子裡統一了起來，以後的中國合多分少，這是最關鍵的一步。

條條大路通咸陽，暢通的交通對帝國發展具有十分重要的意義，現在咱們的城市交通要是讓秦始皇看見，估計得攤上大事兒 ❹。

三、南征百越、北伐匈奴

　　嬴政在滅六國的時候獲得了「搶地盤小能手」的稱號，在統一之後也沒放棄這項技能。

　　先說南邊，當年的越國記得嗎？

　　它被楚國滅掉之後，殘餘力量朝南邊蠻荒之地四散開去，融合當地少數民族，一坨一坨地建立了許多小國家，一出門穿得跟村長似的就敢自稱國王，遍布浙江、福建、江西，一直到廣東、廣西，號稱「百越」。那個年代，這華南一大片跟中原還沒半毛錢關係。

溫馨提示
「百越」的淵源目前還存有爭議。不管你有多愛我，任何時候請記住，歷史老師比混子哥知道得多。

　　秦始皇一咬牙，南下把這些地方全部搶了過來，從此南到番禺（廣東），正式併入了中原版圖。

秦始皇五十萬大軍南下，經過苦戰收服百越

為了打仗方便，秦始皇還大搞基礎建設，挖點運河啥的（請去問老師「靈渠」是啥），真是功在當代，利在千秋。

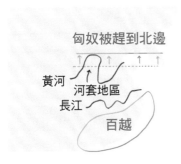

再說北方。這事得回頭說到戰國時代，當時中原的兄弟們打得頭破血流，誰也沒注意到北方出現了一個撿漏❺的傢伙——**匈奴**。

這傢伙趁亂一點一點地往南邊蹭，居然一臉無辜地蹭到黃河的河套以南。等中原統一了，秦始皇一看：

一聲令下，大將蒙恬帶著三十萬小弟，把匈奴趕回了北方。

關於長城

戰國時期，為了防止匈奴南下，北方哥仨——秦、趙、燕三國都建過自己的長城。秦始皇統一之後，撿現成把這三段長城連了起來。所以請記住，萬里長城這個項目不是秦始皇承包的，而是把以前的長城連起來了。

四、我就知道你們在等著焚書坑儒呢

焚書這事，得怪丞相**李斯**。

當時皇帝身邊有兩派人：法家和儒家。

　　但大家都知道，秦始皇是喜歡法家的，儒家的同學們沒啥地位，只能看準機會在皇帝面前刷刷存在感。比如有一次，他們跟皇帝說：

這樣不行啊，您得把地都分給兒子們啊！天底下哪裡有皇帝的兒子沒封地的啊，古人都沒這麼幹的啊！

這是典型的儒家崇古思想，直接對「郡縣制」提出了質疑。
誰知道法家的宰相李斯一聽，怒了：

放肆，太沒創新意識
了！讀書讀傻了吧 ?!

隨後建議皇帝把那些禁錮思想的
書，包括以前各國史書全部燒掉，免
得大家三觀 ❻ 不正，如此造就了中
國許多經典典籍付之一炬。

不過，就文化損失這事，秦始皇是替人背了黑鍋的。他燒的書
只是民間的，人家宮裡還有個圖書館，那裡面還有備份供研究呢。

真正把書都弄沒的，是沒文化
的糙漢子項羽，這貨一把火燒了整
個皇宮，敗家貨！

再說坑儒，是兩個神棍害的。大家知道秦始皇做夢都想當老不死，琢磨著吃點仙丹長命百歲，宮裡養著一堆神棍（當時叫方士，屬於知識分子，讀書人）假模假式地蹲那裡煉丹。

結果有兩個人一不小心玩大了，沒完成任務，逃了。你逃就逃吧，還嘴賤，滿大街說皇帝壞話，估計是天天煉丹腦子熏壞了，不作死 ❼ 會死嗎？

被秦始皇聽見，大怒：

　　於是下令徹查那些背後說壞話的知識分子。最終牽連出四百六十人。

請注意，大家不要望文生義，這裡的「儒」是指讀書人，並不是儒家。

　　好了，秦始皇一生為了國家操心操力，「千古一帝」夢想長命百歲，結果暑期大促銷，打了個五折，五十歲的夏天出差死在了河北；不過人生得過這一把帝王癮，死而無憾。

　　他這麼一掛，我們就發現，他還幹了件最大的事：

五、生了個兒子叫嬴胡亥

就這一件事，前面幹的那些全打了水漂 **8**。

當然了，秦二世胡亥能把敗家敗出歷史新高度，不完全是他個人的努力，他身邊豬一般的小夥伴趙高也有著不可磨滅的功績。

大秦帝國大事記整理：
西元前二二一年～西元前二一○年

西元前二二一年，秦朝建立，秦始皇嬴政開始使用「皇帝」這個稱號，取自「三皇五帝」。然後馬上統一度量衡、貨幣、文字什麼的，全中國瞬間親成了一家人。

西元前二二○年，全國統一了，最重要的是啥？改變以前諸侯割據的互相封閉情況，於是到處修路，大大地方便了全國交通。

西元前二一五～二一四年，北邊的匈奴沒事就往中原蹭，秦始皇被整煩了，喊蒙恬過去打了匈奴一頓，把他們趕回了北邊；另外還跑邊來，把現在的華南地區給併到了帝國裡。

西元前二一三年，李斯慫恿秦始皇開始燒書，不讓讀書人想太多。

西元前二一二年，秦始皇長生不老沒辦成，還被煉丹的術士說了一堆壞話，很生氣，拉出來一大堆相關人員，全活埋掉。

西元前二一○年，秦始皇出差巡視，死在了河北。他不爭氣的兒子嬴胡亥上了位，秦國到秦朝近千年的經營，都被胡亥一代給毀了。

二混子說大秦帝國

很多人都有皇帝情結，沒事就很頭疼：萬一一不留神當了皇帝，該幹點啥好？

該去哪玩二話不說直接出門、吃點啥好的都有人給你做。

秦始皇說：兄弟啊，你想啥呢？光是把全中國這麼多爛攤子收拾起來，就夠脫一層皮的。你在公司跟人協調個項目都雞飛狗跳，還想搶別人地盤？何況從此還要管理這麼大一個國家，也不用說給自己找個樂子享受享受，大小事都親自過目：哪裡發大水、哪裡鬧飢荒、修長城的又報過來四十多個工傷，每天晚上看郵件看到兩、三點；最重要的，明天還要早朝呢朋友！還沒享幾天福，人就要掛了，咋辦？這都是命啊！

來人啊，去煉幾個丹來吃吃，記得多放點孜然。

你以為皇帝真的是人幹的？

八、楚漢之爭（上）

——敗家子坑爹不求人，

包工頭怒掀造反潮

楚漢之爭

在上一篇大秦帝國中，我們把傲嬌的秦始皇從出生活活說到去世。這個男人活了五十歲，幹了幾件事，件件經久耐用，保固期長達兩千年，一整個加量不加價的業界良心。

當然了，除了他那不成器的兒子。

大秦帝國轉眼之間轟然倒塌，不是因為秦始皇死了，而是因為他兒子──胡亥活得很 high。

秦始皇兒子很多，我們只說兩個：一個高富帥**扶蘇**，一個蠢肥圓**胡亥**。

好吧，我也不知道他們到底高不高、圓不圓，瞎猜的。

他倆各有一個隊友，
扶蘇的隊友是大將軍蒙恬。

帥氣男神＋霸氣大叔。

胡亥的隊友是大奸人趙高。

趙高當時是「中車府令」，
大致就是皇帝的司機。

這兩個組合從陣容上看可說毫無懸念，但歷史偏偏就會出意外：

別以為你長得帥我就不打你！

秦始皇早說了：

扶蘇，以後你來接班，
但是先給老爹出去鍛鍊一下！

於是扶蘇屁顛屁顛跟著蒙恬跑去北方砌長城了。

自摸，
清一色！

胡亥和他的隊友趙高卻留在了身邊。誰知秦始皇招呼也不打就
沒了，讓這兩個不省心的傢伙逮到機會偽造遺囑，逼扶蘇和蒙恬自
殺，胡亥接班。

哎呀老子被砍成兩半就混了個路人甲！

這裡面也有李斯的事兒；不過這些路人甲的細節，咱們就不細說了，大家自行了解一下就好。

於是你猜扶蘇怎麼著？

就自殺了，
他萌萌地，
自殺了……

這劇情，虐死你沒商量，再牛的編劇都編不出來。

　　別傻了，你爸比前腳要你接班，後腳要你去死，你爸比是烤腰子嗎沒事翻著玩？

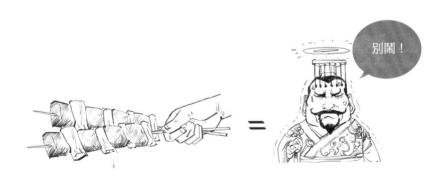

　　所以這孩子智商和性格至少有一個創了歷史新低，你說他能當好皇帝嗎？

胡亥就這麼當上了皇帝，稱秦二世，名副其實，是真二，除了殺人嫖娼，啥都不會。

胡亥不僅殺了哥哥扶蘇，還把其他兄弟全弄死了，關鍵是連姊妹也不放過。

你把姊姊妹妹也弄死是要鬧哪樣？

生男生女都一樣！耶！

碰到這麼思想先進的人你上哪說理去？整日荒淫無度，還說做皇帝最重要的是開心！

趙高啥貨色啊，一個給皇帝開車的司機，跟著胡亥混到丞相。但他有一樣厲害：精通法律，擅長搞自己人，他能當上丞相，就是因為搞死了李斯。

沒事拉來一頭鹿，說這是馬，旁邊的大臣說：

你瞎啦，這不是鹿嗎？

好了，又搞死了。

昏君＋暴政＋奸臣＋腐敗

敗家四件套，一個療程就見效！高檔豪華坑爹禮品組帶回家，七龍珠都救不了你。

大秦帝國就在這樣兩個死鬼的帶領下，從上到下半死不活，搖搖欲墜。

有一位名人說過：

我們這出來混的呢，
遲早是要還的！

沒幾天，出事了。有一小隊農民工趕去北京守邊疆，沒看天氣預報，在安徽碰上大雨走不動了。注重法治的秦朝，遲到不打卡，殺頭事小，扣光年終獎金就不得了。兩個包工頭乾脆拉起大旗造反，一個叫陳勝，一個叫吳廣。

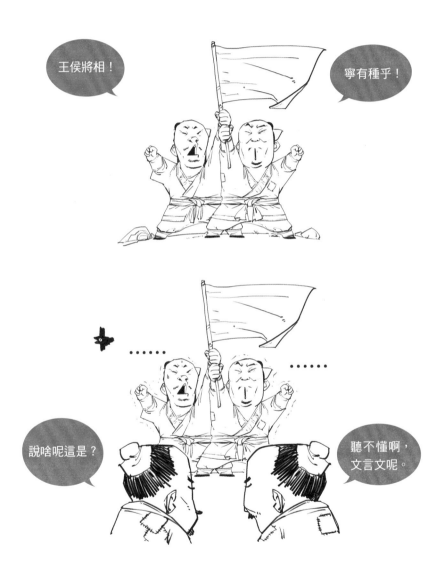

這兩個傢伙倒沒搞成什麼事，關鍵是這一嗓子吼得厲害，大家本來就忍了很久，聽到有人造反，立馬跟著一塊瞎攪和。

聽說了沒？
有人造反了！

哎呀呀！
哎呀呀！

哎呀呀！　　　　　　　　哎呀呀！

瞬間全國都炸了鍋，到處搞獨立要造反。以前戰國時代滅掉的國家，什麼趙國韓國齊國又冒出來了；當然了，都是山寨貨。

看見大家都在造反，有兩個江蘇人趕緊跟著起鬨：

一個叫**劉邦**　　　　　　　　一個叫**項羽**

他倆是怎麼認識的呢？

先說項羽，祖上是以前楚國的名
將，傲嬌的官二代，後來住在江蘇，
正活得挺憋屈 ❶，一看大家都在造反，
趕緊找到當年楚國國君的後代，擁他
當楚王，說要復興楚國。

哎呀！
機會來了！

這位朋友！
我是不是見過你？!

你別過來啊大叔！

項羽找到他的時候，當年一代楚君的孫子，竟然淪落到
給人放羊……

溫馨提示
造反指南：首先要尋找一個根正苗紅、血統純正的哥兒們大力炒作，製造明星效應，才能提高造反的人氣；不然沒粉絲關注你，你帶誰造個什麼反啊？以後怎麼好意思跟人打招呼啊？

加上項羽有遺傳，基因上寫著四個字：打仗厲害，很快就像模像樣地搞起一支隊伍，附近的團隊都來投奔楚王。

這其中就有一個城管 ❷ 小隊長，曾經就是個非主流青年、混混，也叮零噹啷帶著一票人來投奔楚王，他就是劉邦，江蘇沛縣人，大家叫他沛公。

快叫老大！

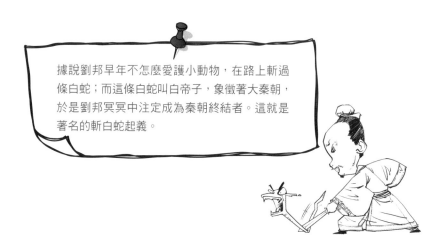

據說劉邦早年不怎麼愛護小動物，在路上斬過條白蛇；而這條白蛇叫白帝子，象徵著大秦朝，於是劉邦冥冥中注定成為秦朝終結者。這就是著名的斬白蛇起義。

好了，現在項羽和劉邦都給楚王打工（雖然楚王是項羽捧紅的，但檯面上項羽還是個手下），於是楚王說了：

那啥，你們給我去咸陽把皇帝揍一頓！誰先到關中，誰就當關中王！預備，跑！

關中，陝西關中平原，大秦帝國老窩。

於是項羽和劉邦分頭帶著小弟吭哧吭哧 ❸ 從江蘇出發，跑去咸陽。

還有一位名人說過：

能力越大，責任就越大！

項羽這一趟還有一個任務：除了楚王，河北還有個趙王也嚷嚷著要獨立，結果被秦朝揍了一頓，哇啦哇啦求救。大家一起造反，多少也得表示一下，於是楚王跟項羽說：

兄弟你這麼牛，要不你先跑河北救救這傢伙？車票拿回來我給你報。

於是乎，劉邦直奔咸陽，項羽還得先拐到河北打一仗。

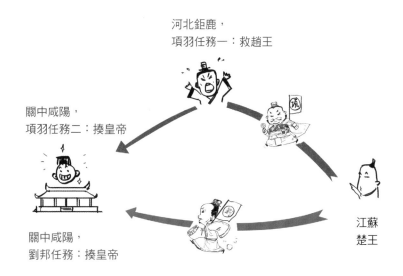

河北鉅鹿，
項羽任務一：救趙王

關中咸陽，
項羽任務二：揍皇帝

關中咸陽，
劉邦任務：揍皇帝

江蘇
楚王

項羽打仗自然是小 case，立馬打得秦軍找不著東南西北，不但救了趙王，還成了大家的偶像，接著繼續往咸陽跑。

學過高等數學的都知道，兩點之間直線最短。人家劉邦早就進了咸陽，這時胡亥已經被趙高殺了，當家的已經換成了扶蘇的兒子子嬰。

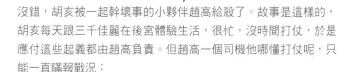

沒錯，胡亥被一起幹壞事的小夥伴趙高給殺了。故事是這樣的，胡亥每天跟三千佳麗在後宮體驗生活，很忙，沒時間打仗，於是應付這些起義都由趙高負責。但趙高一個司機他哪懂打仗呢，只能一直瞞報戰況：

　　等到劉邦都打到門口了，趙高一看：哎喲喂，瞞不住了，胡亥怪罪下來咋辦？

大秦終結者

　　子嬰，趙高殺了胡亥、捧他上位，但他一上來就先把趙高給剁了。人肉小鋼炮，比他爹扶蘇有本事，總之嬴政這一家老小，沒一個按常理出牌的。

　　可是國家已經讓趙高禍害完了，跟劉邦沒法打，只能投降。這一刻，大秦帝國正式滅亡，咸陽此時落入劉邦手中。

　　既然人家楚王說了，誰先到關中誰當王，那劉邦自然就要稱王了。項羽一聽這事立馬就瘋了。

哥以為你開玩笑呢！
老子玩命打仗，讓他
撿這麼大便宜！

於是以兩百碼的速度奔向
咸陽找劉邦算賬。

劉邦一個二混子，十幾個人七八條槍，咋跟人家官二代戰神鬥
呢？三十六計，認慫第一，於是趕緊從咸陽城迎出來。

爺爺，都是誤會啊爺爺。
關中拿走，我不要了，
你看咱私了怎麼樣？

項羽一肚子火要幹仗，結果碰到慫貨，也蒙了 ❹，只好說：

「那行,既然來了,那就吃個飯再走吧。」

項爺真會挑地方,風景又好,又沒什麼汙染,這啥地方啊?

你先來咸陽你問我?

鴻門啊!

九、楚漢之爭（下）

——大哥劉三丟節操，

楚霸王三犯傲嬌

廢話少說，今天我們直奔主題，來了解一下草根非主流劉邦和資深戰神項羽互招的過程。

　　我們先簡單對比一下劉邦和項羽這兩個人：

劉邦　　　　　　　VS　　　　　　　項羽

物理攻擊

魔法攻擊

　　從設定可以看出來，項羽基本是個高分低能的傢伙，打仗是牛，可是不會做人，政治智商和情商都不足，屬於能把人急死那種；劉邦正好相反，打起仗來實在是丟人，但是個人精，長年混跡於社會底層的市井生活，培養出極高的情商和能屈能伸的豁達，於是劉邦對項羽就是帥才與將才的對決：

孰高孰低，我們往下看。

「說，要把大象裝進冰箱，總共分幾步？」

　　楚漢之爭打得熱鬧，我們得分步說，看看老流氓到底丟了哪三次節操，霸王又犯了哪三次傲嬌，才將天下消停 ❶ 了下來。

STEP 1：鴻門宴

在此之前，劉邦和項羽還是志同道合的好兄弟，一起伺候老大，一起跟人火併。

結果一路走來的經歷全都打了水漂，沒培養出一點階級感情。就因為劉邦搶先揍了皇帝，搶了項羽的頭條，項羽就想不通了，非要跟人死磕 ❷。

正要耍狠，誰知道劉邦認慫認得撕心裂肺、入木三分，項羽忽然之間沒了脾氣，不知如何是好，最後請人吃了個飯。

這頓飯就是史上最酸爽 ❸ 飯局**鴻門宴**。

我們知道，劉邦這樣的二混子，講究吃喝玩樂；可是得到了咸陽之後，竟然不殺不搶、規規矩矩。這事被項羽的祕書知道了，於是發生如下對話：

爺，這小子是有大志向啊！這頓飯說什麼也得弄死他！

這怎麼好意思？人家小劉態度還是很誠懇的嘛！

糙

↑
單細胞生物

於是這個祕書自作主張，飯局吃到一半，喊了個服務生進來哼哼哈兮地表演舞劍，就等項羽一聲令下，捅死劉邦。

項羽這人，平常殺起人來跟玩一樣，不知道今天吃錯了什麼藥，優柔寡斷死活下不了手。

劉邦也不是傻子，一刀刀在眼前晃得跟電風扇似的，早嚇得尿意洶湧澎湃。

那啥，項爺，可樂喝多了，能去上個洗手間嗎？

然後趕緊報告要上廁所，連滾帶爬地撿了條命回來。

碰到打不過的玩命裝孫子。這是劉邦第一次無節操認慫，能屈能伸的市井智慧，居然還真有效；所以同時也是任性的項羽第一次犯傲嬌。

這頓飯後來教給我們一個道理：
有尿千萬別憋著，
容易沒命。

　　吃完鴻門宴，劉邦把咸陽拱手讓給了項羽，項羽愉快地進去把皇帝子嬰殺了，把阿房宮給燒了個精光，圖書館也燒了個精光。

霹靂一聲震乾坤，一枚嶄新的拎不清 ❹ 青年誕生了！

好了，項羽現在變成了全中國最厲害的人，又打勝仗，又痛扁皇帝，成了實力派偶像；於是自己建立了「西楚王朝」，給自己起了個響亮的暱稱「西楚霸王」，還一刀砍死楚王，然後跟皇帝一樣，把一起造反的小夥伴們召集起來分封土地。

這是！什麼！鬼！方案！

可是項羽真不是當領導的料，管理能力基本為負數，分封土地這麼歡天喜地的事情，讓他幹得所有人都不開心。

溫馨提示
項羽沒稱帝，但老愛幹皇帝的事，
我們為了敘述方便，借用一下皇帝這個詞。

這其中兩件事，徹底秀了項羽的下限：

一、把首都定在老家彭城（今徐州）。

關中是全國中心，君臨天下，帝王之氣走在路上都能熏死你，熏出了周秦兩個偉大的朝代。這麼有資歷、有條件，還有成功案例的地方，簡直就是為了當首都而長出來的。

項羽說：不行，回老家！老子這麼發達，不回家顯擺顯擺，我圖啥？

好朋友來接我，
今天好高興！

看見沒，大英雄項羽放在現在，
就是個吃飯前必須拍照發朋友圈的自
拍狂魔，人生最大的追求就是大家來
按讚，哪裡像幹大事的人。

有人勸他不聽，還直
接把人扔鍋裡煮死了。

所以說項羽這人，「賞罰分明」，該殺的一個不殺，不該殺的
都弄死了。

二、把劉邦放在關中旁邊的漢中。

漢中當時雖然靠著關中，但窮得響叮噹。項羽對劉邦先進咸陽這事耿耿於懷，鴻門宴上沒弄死他，也不能讓他好過。

劉邦是什麼人，一路從社會最底層摸爬滾打，練就一身市井英雄的豁達和豪爽，這玩意兒你要是用對了地方，那就是帝王之氣。

其結果就是，把劉邦這個潛力股放在帝王之都旁邊，項羽自己反倒跑到遙遠的江蘇去。這是項羽第二次犯二。

分封完畢，大家各回各家各找各媽。

劉邦到漢中之後，把進出漢中的路全部毀掉，告訴項羽：「哥兒們我就老死漢中了，哪都不去，你別防著我了行不行啊大哥！」

剛說了，項羽分封分得大家都不滿意啊，他回彭城屁股還沒坐熱，大家又開始打成一團，東周列國的亂局重現了。

這個時候，又該有人站出來了。

STEP 2：劉邦出關，直搗黃龍

這個人就是平常悶不吭聲，蔫 ❺ 得跟晒透了的狗尾巴草一樣，說要老死漢中，卻其實是關起門來玩命自習的劉邦，一到關鍵時刻就開始放大招。

這種人我們都見過，常年高居「高中裡大家最想砍死的人」榜首，天天說哎呀沒看書咋辦啊天哪，結果考出來就是九十八。想不到早在秦朝末年，就有這種人了。

這是劉邦第二次認慫。

劉邦默默在家蓄完力，一口氣把項羽在他身邊安插的三個秦將幹掉兩個，一躍衝出關中、迅速東進，開始收拾中原亂鬥的小蝦米們，一直幹到項羽老巢彭城。

項羽早在救趙王的時候收服了三個秦朝大將，後來分封的時候被安插在關中監視劉邦，陝西素稱「三秦之地」，就是這麼來的。

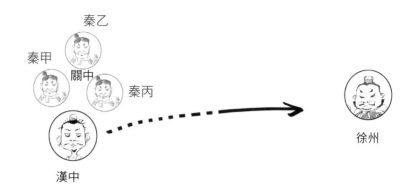

劉邦採用戰術戰勝三秦將領，表面上修橋鋪路要從此處進攻，結果從另一處陳倉出兵，這就是著名的「明修棧道，暗渡陳倉」。

　　這個時候項羽人在哪呢？貴圈這麼亂，最急的是當老大的項羽才對啊。他也沒閒著，跑到山東去鎮壓了，一聽老家讓劉邦抄了，趕緊回來，一到家就把劉邦打個半死，趕了出去。

　　可是劉邦讓人扔出去還跟沒事人一樣，沒心沒肺地跑回關中打了一仗，把三秦中最後一個幹掉，又跑回來繼續跟項羽對峙。

　　這一次倒是把項羽打敗了，退到一個叫滎陽的地方，然後誰也搞不定誰。

　　每天對罵、僵持的過程中，劉邦還派出一支部隊跑到北邊去繼續收拾小蝦米，這支就是大將軍韓信的部隊。

韓信一口氣把北面一堆亂七八糟的王全部吃掉，而且這傢伙也不是個好東西，自己坐在北方看著劉邦和項羽互搞，消極怠工，差點還要單飛。與此同時，劉邦還派人去南邊＠￥％……＆＊＆……＠￥＃……

好了，我已經看到了你們暈乎乎的表情，安啦安啦，混子哥跟你們開玩笑了！

好，我們重來，從劉邦出關開始，簡單地說，局勢是這樣的：

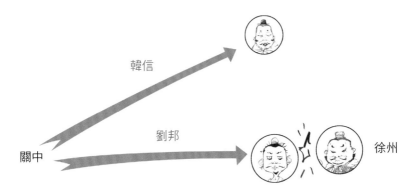

劉邦兵分兩路：一路韓信，跑去收拾北邊的小蝦米，最後留在北邊候命；而劉邦自己一路直搗項羽老巢徐州，反正就是跟項羽來來回回一頓打，最後僵持在河南一條鴻溝兩側。

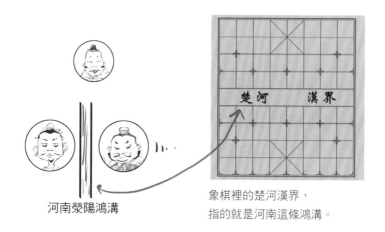

河南滎陽鴻溝

象棋裡的楚河漢界，
指的就是河南這條鴻溝。

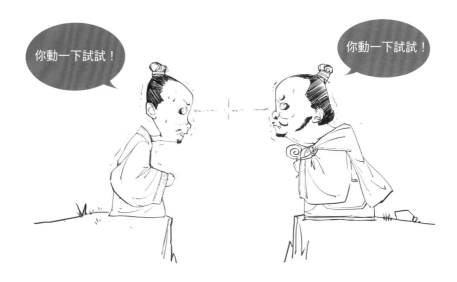

　　最後兩邊都瞪出白內障了，只好說算了，你我約定，一爭吵很快要喊停，也答應永遠都不讓對方擔心。就以鴻溝為界，西邊歸劉邦，東邊歸項羽吧。兩人就這樣簽了個劃江而治的合同。

　　可是事情當然不會這麼輕鬆就搞定……

STEP 3：劉邦耍無賴，霸王很受傷

　　劉邦什麼人，混混啊，翻臉比翻烤腰子還快啊，字都認不全，你跟他簽合同，你是來搞笑……喔對了，項羽也是個文盲……好吧，兩個文盲簽合同。

　　兩人剛剛愉快地成交，項羽正回家路上，不要臉的劉邦立即帶人追著打，誰知道就這麼追著人打，居然還被項羽反過來打個結實。

　　八卦知識：僵持期間，項羽綁架了劉邦的老婆呂雉，簽完合同還給了劉邦。呂雉不在的這段時間，劉邦找了個小三叫戚夫人。知道了吧，後來被呂雉削成人棍扔在廁所裡的，就這個婆娘，這事呂雉是狠了點，但戚夫人也作得一手好死，有空我們再八卦這個。

總之，就是劉邦只要跟項羽見
面，就基本沒占過便宜，真是穿過大
半個中國去丟臉！

關鍵時刻，韓信和其他小夥伴從
天而降，這一次真把項羽給打壞了。
細節不用多說，反正就是項羽被趕到
垓下，發生了著名的垓下會戰。
　　垓下會戰怎麼就著名了？

　　垓下合唱團，**四面楚歌啊！**

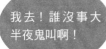

劉邦半夜圍著項羽十萬楚軍大合唱，把帳篷裡項羽倆口子嚇壞了。

他馬子虞姬給他跳了個舞，然後自殺。這就是霸王別姬的故事。

項羽自己也逃到烏江邊，覺得丟人丟大了，死活不過江，抹了脖子。所有人都知道留得青山在，不怕沒柴燒，就項羽一個人不明白。只能經歷成功不能承受失敗的，哪裡配做大事。

這是劉邦第三次無節操耍賴，毫無誠信，但卻是有效的市井智慧；同時項羽第三次犯傲嬌，也是最後一次。戰神項羽就這麼掛了。

楚漢之爭就此落下帷幕。後面的故事大家都知道了，劉邦終於結束亂世，建立了**大漢王朝**。

劉邦跟他的大將軍韓信之間曾經發生過這麼一段對話：

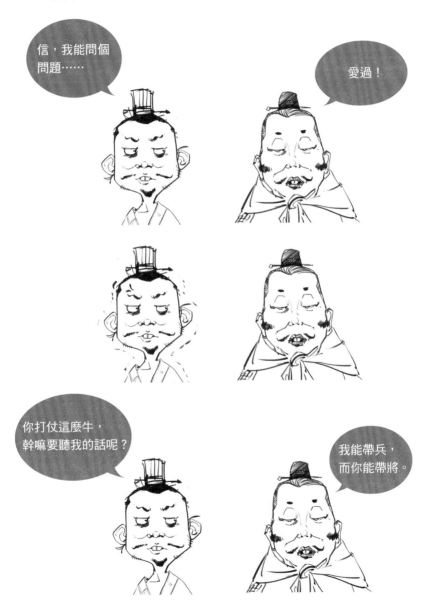

我們通篇都在說劉邦，但其實劉邦這樣一個聽上去就不太靠譜的非主流，說他一個人能幹這麼多事你信嗎？

下篇我們在進入大漢王朝之前，簡單地扒一扒他的那些大名鼎鼎的小夥伴們，你們覺得好嗎，各位？

不好也得好！

十、楚漢之爭（八卦篇上）

——張良、蕭何、韓信：一個好漢三個幫

我們之前已經講過楚漢之爭，假設你們現在已經明白它的來龍去脈。

哎喲！不錯喔！你們真是我見過最聰明的孩子了，這麼複雜的事情你們都搞得懂，這跟你們關注混子哥是有關係的，對不對？

好了，那我們今天來聊聊劉邦身邊那幾個最得寵的小夥伴。

我們說過，劉邦這麼
個非主流，要跟項羽單挑，
也就是一盤菜 ❶。

　　好在這傢伙人緣好，拉來一堆小夥伴組團，最後順利通關成為
大贏家。所以當皇帝這種事，跟考試一樣，你光會做題還算不上有
本事……

會做人才行！

你懂的，
話說混子哥當年就是
因為會做人……

到達人生巔峰！

好了，廢話少說，劉邦打下天下，是一整個團隊的業績；而團隊裡有三大支柱，他們就是蕭何、張良、韓信。

是不是如雷貫耳？
是不是久仰大名？
是不是仔細想想，
哎，這幾個到底幹嘛的？

這種尷尬的處境是每一個要假裝有文化的青年所不能容忍的。那好，我們來把他們的故事串一串，串完混子哥保證你進入三百六十度知識無死角模式。

溫馨提示：提升飯桌暢聊能手 level 小技巧
了解歷史，千萬不要只看那些零散的小故事，你如果不能把它們串起來，你懂得再多，也無法了解歷史的脈絡，也就是一本人肉地攤雜誌而已。

　　所以我們今天的重點不是那些很零散的小故事，而是要給大家講清楚人物關係。

　　首先我們來給他們貼個標籤，這樣你已經明白一半了：

| 蕭何 | 張良 | 韓信 |

職位	**後勤部長**	高級參謀	**大將軍**
必殺技	大變活人 ❷	腦洞大開	不按常理
出身	草根	貴族	純草根
死得	善終	逍遙	哎呀，太慘了

故事是這樣的：

一、他們怎麼跟劉邦認識的？

第一個跟隨劉邦的，是蕭何。劉邦還是大秦朝非主流青年的時候，他倆就是好夥伴。蕭何當時是個級別很低的基層幹部，類似於鄉政府祕書什麼的，可是人聰明，會過日子。

跟劉邦產生了草根與草根之間的深厚情誼，常常吃個燒烤啥的，因為他堅信劉邦是幹大事的人，最後跟著劉邦一起造反。

蕭何對劉邦那是真愛。剛起義的時候，劉邦跟人抓鬮 ❸ 當領導，蕭何把紙團全寫上劉邦的名字，等劉邦抓出一張，蕭何立即把剩下的紙團吞進肚裡。人生得一個這樣神的隊友，夫復何求啊！

那麼，是什麼原因能讓一個男人對另一個男人如此死心塌地呢？

上面這個見到劉邦就小鹿亂撞、恨不得自己嫁了的老頭就是呂雉他爸比。

好吧，劉邦不一定真的很「帥」，但蕭何和呂公確實是因為劉邦長著霸氣的皇帝臉，而甘為左右的。

所以，蕭何和劉邦的關係，就是一起出來打工的老鄉。

陳勝、吳廣造反時，大家跟著起鬨；當劉邦在給楚王當馬仔的時候，張良是韓王的人，大家的關係是這樣的：

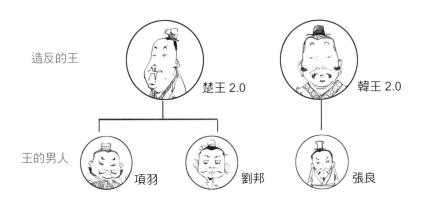

因為這貨實在是太聰明了，劉邦去咸陽揍皇帝的時候借來用了幾天，一出手就華麗麗地拿下咸陽。等張良要回韓國的時候，哎喲喂，韓國讓項羽給滅了。

良仔，沒關係，
我會對你負責的

他就這樣又回了劉邦身
邊，所以張良算是項羽送給劉
邦的。

謝謝啊！

張良歐巴，絕對的名門之後。東周列國時期，祖上就專注韓國宰
相二十年，故事挺多，早年給怪叔叔黃石公到橋下撿拖鞋，然後
又被半夜約到橋上談人生，最後換來一本通關祕笈，這傳說大家
都知道。再來就是他更早在博浪沙刺秦、劉邦逃出鴻門宴之後留
下來買單等等，反正智勇雙全，怎麼厲害怎麼來；而且長得還帥，
是師奶殺手，屬於讓你沒地方說理的純男神一枚。

帥哥，今晚
三點橋上見

最後加入劉邦陣營的是韓信。

這小子出身純粹的問題少年，窮得飯都吃不上，性格又差，到別人家蹭飯還不給好臉色那種，特別不招待見 ❹。

後來去當兵，投靠項羽，只混到了一個什麼執戟郎中。

一聽這名字，畫面感立即腦補出來了：拿根桿子傻了吧唧 ❺ 杵在門口，大概就是個保安吧。

後來實在太憋屈了，就跳槽到劉邦那裡。這個時候項羽跟劉邦還沒撕破臉，一個在漢中，一個在徐州。

可是劉邦也沒覺得他有啥實力，
讓他管倉庫……

拿根桿子杵在那兒……again！

可見眼力差勁是劉家祖傳，參見劉備對龐統……

哎哎，能不能不提我？煩不煩？

這次老傷自尊了，招呼也不打，直接走人。可是蕭何知道他有本事啊，立即開車連夜把他追了回來。

哎！你傻啊！年終獎金不要了？

喔對！忘了。

煞車

一回來就逼著劉邦給韓信升官，這就是「蕭何月下追韓信」，從此韓信一步登天，逆襲成了大將軍。

也就是說，韓信的崛起，全賴蕭何一雙慧眼，這就是「成也蕭何」。

這個故事告訴我們，以後鬧出走，一定要選擇有月亮的晚上，不然人家可能根本追不到你。

好了，這三個神一樣的隊友各就各位，各領風騷，個個都是業績爆表。

二、他們都為劉邦做了什麼？

蕭何，後勤部長，神級宅男，從頭到尾坐鎮陝西老家，發揮自己會過日子、摳門的優點，把後勤工作做得滴水不漏，大變活人玩得不亦樂乎！

劉邦在前線無論翻來覆去怎麼打，無論被人打得多慘，永遠有替補隊員和糧草及時送來，當天下單隔天就到，道上兄弟喊他「蕭順豐 ❻」。

　　張良，高級顧問，最喜歡關在小黑屋裡統觀全局、部署戰略：先打誰後打誰、怎麼打、在哪打、打完幹嘛、給不給棄 ❼……劉邦小伙打得那麼爛，但最後還能大勝，全賴張良運籌帷幄。

張良幾次最重要的建議，都是教劉邦裝孫子：鴻門宴認慫是他教的；分到漢中一肚子火，最後乖乖過去，也是他教的；韓信中途想反水 ❽，劉邦又差點暴走，還是張良教他認慫。這可能跟張良的道家思想有關。

有後方，有戰略，就差一個在前線真正幹活的了：

事實證明，蕭何花一晚追回韓信，真是超值到不要不要的。

韓信大將軍用兵，就從來沒按常理出過牌，一上任就放出了「明修棧道，暗渡陳倉」這樣狂炫酷斃的假動作，幫劉邦打敗三秦，順利衝出漢中。

接著，跟其他對手「背水一戰」也被敵人嘲笑成白痴：哪有人這麼不給自己留後路的？

哈哈哈，為什麼不對自己好一點？

結果生生把人家打到吐血，都是華麗的必殺技；在劉邦項羽對峙的時候，全靠韓信在其他地方摧枯拉朽、掃平障礙，最後還趕過來十面埋伏，把項羽逼死在垓下。

不過這傢伙挺腹黑，在劉邦最困難的時候差點要單飛，野心露了馬腳，也預示了他最後的悲劇。

好了，劉邦當了皇帝之後……

三、他們最後都怎麼樣了？

蕭何，功勞最大，劉邦最愛，當了大漢朝第一任宰相，給劉邦修了無比土豪的宮殿：

牛吧？都學著點，不但有本事，連馬屁也拍得自然、清新、了無痕跡，最後當然善終啦。

張良，功成名就之後，明哲保身，直接退休跑去當驢友 ❾ 了，到全國各地徒步，最後據說還修了仙，逍遙一方，善終。

韓信，慘就一個字，被人舉報說要造反，讓呂后抓住捅死。

要說這韓信，也不知道咋想的，當年劉邦跟項羽打得熱鬧，時機正好，不單飛，非要等消停下來，這位先生心思又活絡了。

韓信是不是真的要造反，這事說不清楚。打天下的時候，會打仗是塊寶；天下打下來了，會打仗就是棵草。對皇帝來說，可能還是棵毒草，你懂的。

呂后一個女人，怎麼搞定他的呢？讓蕭何打電話騙過來的。

> 阿信啊，出來吃個燒
> 烤！劉邦說他請客！

　　是的，把韓信騙出來的就是當年一手
推舉他的蕭何，這就是「敗也蕭何」。

　　好了，這個「男人邦」我們就聊到這裡了，再細節的部分大家
可以自己找書看了。

　　在此之後，我們將進入中國歷史上最激動人心的一個階段，敬
請關注──

 **大漢王朝。**

等等，我解釋一下

龐統這事兒，其實也不能全怪我

他實在長得太矬了

以後自己的馬自己騎！

十一、楚漢之爭（八卦篇下）

——「邦女郎」之爭

呂雉（呂后）　　　　　　　　戚夫人

　　呂雉，劉邦明媒正娶的老婆，要說起來，還是姜子牙的後代，正宗白富美，在劉邦最窮的流氓時代被土豪爸比嫁給他；我們之前說過了，就因為劉邦長得帥。

姜子牙雖然姓姜，不過是呂氏；
那個時候的中國人，氏比姓重要。

這個女人是跟著劉邦一路吃過苦的，類似於馬大腳和朱元璋的關係，可名聲卻沒馬皇后好。劉邦當皇帝之後，因為殘殺了劉邦小老婆戚夫人，以「毒婦」名留史冊。

要說這個女人，下手確實是狠了點，但那是對仇人；對於沒有冒犯她的人，還是有恩報恩的，比如蕭何，比如張良，她一直都心懷感激。

可是混子哥覺得，戚夫人真的是自己作得一手好死。

當年劉邦還在跟項羽對峙的時候，項羽抓了呂雉做人質。劉邦這個沒良心的渣男，趁這個空隙找了年輕漂亮的戚夫人。後來呂雉回家，看到自己在外面受罪，老公在家養小三，心情如何你猜？

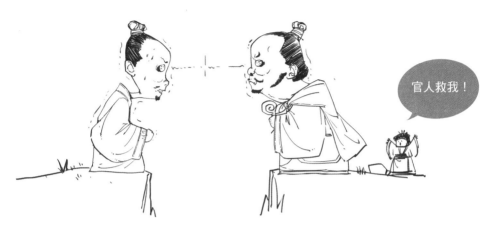

　　妳自己是小三，就要有這種覺悟，老老實實待著得了，非要仗著劉邦寵愛，撒潑賣瘋地讓他把太子（呂雉兒子）換成自己兒子。

妳當太子是  說換就換？

換就算了，動不動想背後捅刀子謀害太子，妳哪裡是戚夫人，根本就是欺負人嘛！

就這事，劉邦差點還真就答應了，最後是張良給呂雉出的主意，終於沒讓戚夫人得逞。就因為這個，呂雉對張良心懷感恩，後來見到張良不吃東西玩修煉，死活要塞東西給他吃，其場景大概就類似《天龍八部》裡的天山童姥對虛竹吧……

戚夫人這事辦的，一個字：蠢。沒見過這麼蠢的。

一來冒犯呂雉。呂雉什麼人啊，太后、原配、女王範兒，早看妳這小狐狸精不順眼了，朝廷裡到處是她的小夥伴，跟她怎麼玩？

二來冒犯群臣。換太子這種事情，跟換天差不多，老頭們能隨便答應？

結果哪個都不討好，劉邦一死，「哎喲喂，我這口氣喔，可算是有地方吐了！」

「過來過來，頭髮剃了，搗米去！」

你看，呂雉這時候也只是讓她幹點粗活而已，頭髮沒了是醜了點，涼快啊！這時候賣個萌道個歉，可能就沒後面的事了。誰知道這敗家娘兒們邊搗米還邊嘟嘟嚷嚷唱怪歌。

喲呵呵！我兒子好歹是個王子，咋我這當娘的就這麼慘呢？這日子沒法過了！

搗米就好好搗米，妳唱什麼歌啊！妳當妳是來選秀的嗎？一直在作死，從未被超越。

這下終於把呂雉給惹毛了：
「來來來，手伸過來，剁了吧。」

圖片容易引起不適，
根據相關法律未予顯示……

　　最後七竅被毀、手腳全斷，整個一個人棍扔在廁所了，連呂雉兒子看了都嚇得一病不起⋯⋯

　　但你說這怪誰？

　　典型的頭髮長見識短，沒事找抽 ❶ 型。

　　好了，這就是「邦女郎」的互掐史，這個故事告訴我們：

在任何歷史時期，
麥霸 ❷ 都是沒有好下場的！

　　你們好自為之。

楚漢之爭大事記整理：
西元前二〇九年～西元前二〇二年

西元前二〇九年，兩個工程領隊陳勝吳廣在安徽宿州起義，他倆沒成功，但惹得天下人都開始造反，其中就有項羽和劉邦。

西元前二〇七年，項羽到處打仗、大顯神通，嚇得胡亥的小弟趙高趕緊殺了嬴胡亥，立了他的姪子子嬰當領導。

西元前二〇六年，趁著項羽在外面玩命，劉邦早一步打進了皇宮，秦朝滅亡了。按理說劉邦滅了秦朝，他應該馬上當皇帝才對，可是沒那麼容易。項羽不服氣，他說我這麼牛，當然我才像皇帝，劉邦我要弄死你！所以請他在皇宮旁邊的鴻門吃了一頓飯，本來計畫在這頓飯上砍死劉邦，以絕後患；結果良心發現，死活下不了手，讓劉邦給溜了，這頓飯就是鴻門宴。

吃完這頓飯，劉邦的態度讓項羽很滿意，開心地跑進皇宮殺人放火。抒發完了情感，把所有一起造反的同事喊過來分封，自己回老家江蘇當西楚霸王，劉邦被分到了漢中，叫漢王。

劉邦在漢中表面上服從項羽的指揮，實際上默默地準備造反，明修棧道暗渡陳倉，幹掉了項羽安排盯梢的三秦將領，開始跟項羽撕破臉，楚漢之爭開始了。

西元前二〇五～二〇三年，劉邦項羽打得難捨難分，在河南滎陽一條鴻溝兩岸大眼瞪小眼，項羽還一箭射中劉邦，差點死掉。這條鴻溝就是後來象棋裡的楚河漢界。

西元前二〇二年，劉邦在跟項羽對峙的時候，有韓信到處攻城掠地、有蕭何保障後勤，還有張良運籌帷幄、出謀畫策，逐漸占了上風，逆襲了項羽，把他圍在安徽一個叫垓下的地方，還命令士兵

一起大合唱楚歌，項羽徹底亂了套，看到大勢已去，他不肯逃走東山再起，在烏江邊選擇了自殺。

劉邦掃除了最大的障礙，順利當上了皇帝，建立了偉大的大漢王朝。

二混子說楚漢之爭

劉邦能當上皇帝，總會被認為是件很戲劇性的事件，但其實這事很合理：誰說皇帝就要高端大氣上檔次了？

劉邦是個典型的非主流青年，粗俗、市井、吊兒郎當。但沒關係，起點低了，上升空間特別大。一個沒什麼存在感和回頭率的人，幹什麼都不丟人，可以認慫、抱大腿、耍無賴，翩翩君子幹不了的事他都能幹。本來嘛，我是草根我怕誰？

但你別以為做混混就能當皇帝，混混不可怕，就怕混混氣量大。混混也分馬仔和扛霸子。大哥為啥能當大哥，擔當、仗義、不拘小節、敢想敢幹。這種能屈能伸、審時度勢、知人善任的品質，僅僅靠讀書是不夠的，必須在社會裡摸爬滾打一身爛泥才會有。這種大智慧放小區裡，就是大哥大，再往上來點，就是帝王。

當然了，皇帝就是皇帝，你陪他打江山可以，打完趕緊洗手出去旅遊；他給你啥你拿著，不給你的千萬別要，那些東西他親爹都拿不到。

所以你看，還是人性那點事。

有看有懂・詞語小教室

一、如果東周列國是個班級，這事就好理解了　1

1　慫：指軟弱無能、膽小怯懦。

2　眼饞：眼紅、羨慕。

3　團夥：指小團體。

4　約架：相約決鬥。

5　楞頭青：指的是做事無腦或不動腦、盲目行事的人。

二、如果東周列國是個班級，這事就好理解了　2

1　五大三粗：形容人長得高大粗壯、體格魁梧。

2　耍橫：不講理，逞凶。

3　白眼狼：瞎眼睛加沒人性，指忘恩負義的傢伙。

4　磕磣：指人相貌醜陋、見不得人，也指做事不盡人意。

5　刺兒頭：遇事刁難、不好對付的人。

6　BIU：擬聲詞，表示發射槍砲或箭矢時的聲音。

7　不咋地：不怎麼樣。

8　胖揍：痛揍。

9　一夜回到解放前：指不慎出了差錯，所有的辛勞前功盡棄。

三、如果東周列國是個班級，這事就好理解了 —— 假期篇

1　冒個泡：網路用語，「出個聲」之意。

四、如果東周列國是個班級，這事就好理解了　3

1　吃獨食：獨占利益。

2　片區：分區。

3　標配：標準配備。

4　心塞：心肌梗塞的略稱，或指心裡堵得慌，難受。

5　馬仔：大哥手下的小弟。

6　撩飭：東北方言，意指挑釁、招惹。

五、如果東周列國是個班級，這事就好理解了　4

1　葫蘆小金剛：上海在九〇年代製作的剪紙動畫影片。傳說中，誕生於七色神仙葫蘆中的葫蘆兄弟可斬妖除魔；後來他們被壞人抓住、投入煉丹爐，沒想到七人就這樣合體變成了葫蘆小金剛。

2　領便當：意思就是沒戲分了，可以閃人了。

3　扯皮：毫無原則的爭吵、不負責任的推諉。

4　血槽：原指遊戲中人物的生命值，可用來形容自己的精神或心理狀態。

5　歇菜：有打住、停住、沒戲⋯⋯等義。

6　磨磨嘰嘰：形容一個人做事拖泥帶水。

7　忽悠：坑矇拐騙以誘人上當，或做出此事的人。

8　抱團：組隊、結夥。

9　朋友圈：指網路社群平臺的分享互動。

10　拜把子：結交拜把兄弟。

11　老末：落後、吊車尾。

12　黃了：形容事情失敗或計畫無法實現。

13　秒了：秒殺。

六、端午節你到底關心過人家屈大夫沒？

1　乾貨：意指精煉過、實用且可信的內容，不灌水、不虛假。

2　拉條子：即拉麵。

3　坑爹：騙人、出賣他人。

七、大秦帝國——過把癮就死

1　碼字：即打字及創作的意思。

2　愛咋咋的：東北方言，意為高興就好，愛怎樣就怎樣。

3　親：「親愛的（dear）」的略稱，用來表示親暱，或稱呼朋友、客戶等。

4　攤上大事兒：意指惹禍上身。

5　撿漏：抓別人的把柄或漏洞。

6　三觀：指人生觀、世界觀、價值觀。

7　作死：自尋死路，找死。

8　打了水漂：指化為泡影、付諸流水。

八、楚漢之爭（上）——敗家子坑爹不求人，包工頭怒掀造反潮

1 憋屈：鬱悶、委屈、難受。

2 城管：城市中管理街頭秩序的執法人員。

3 吭哧：指重濁的喘氣聲。

4 蒙了：指昏迷或神志不清的狀態。

九、楚漢之爭（下）——大哥劉三丟節操，楚霸王三犯傲嬌

1 消停：安靜、安穩。

2 死磕：和某人或某事作對到底的意思。

3 酸爽：感嘆詞，用來表達近似銷魂或舒爽的感覺。

4 拎不清：形容人做事沒有條理，弄不清形勢。

5 蔫：ㄋㄧㄢ，精神萎靡不振。

十、楚漢之爭（八卦篇上）——張良、蕭何、韓信：一個好漢三個幫

1 一盤菜：意指任人宰割，只有被吃的份。

2 大變活人：從空箱中變出活人的魔術。

3 抓鬮：「鬮」音「揪」，抓鬮即抽籤的意思。

4 不招待見：不惹人喜歡。待見，喜歡、把對方當回事之意。

5 傻了吧唧：南京方言，意指呆笨的模樣。

6 順豐：買過淘寶的都知道順豐速運吧！

7　給棗：意指用甜頭好意相哄。

8　反水：有反悔、跳槽、叛變等意。

9　驢友：對愛好戶外運動、自助旅行者的稱呼。

十一、楚漢之爭（八卦篇下）──「邦女郎」之爭

1　找抽：找打，自找麻煩。

2　麥霸：霸占著麥克風不放的人。

圓神出版事業機構 Eurasian Publishing Group
用心與你對話・視野無限寬廣

究竟出版社 Athena Press

www.booklife.com.tw　　　　　　　reader@mail.eurasian.com.tw

歷史　066

如果春秋戰國是個班級——半小時漫畫中國史

作　　者／二混子
發 行 人／簡志忠
出 版 者／究竟出版社股份有限公司
地　　址／台北市南京東路四段50號6樓之1
電　　話／（02）2579-6600・2579-8800・2570-3939
傳　　真／（02）2579-0338・2577-3220・2570-3636
總 編 輯／陳秋月
主　　編／王妙玉
責任編輯／林雅萩
校　　對／林雅萩・蔡緯蓉
美術編輯／李家宜
行銷企畫／范綱鈞・張鳳儀・陳禹伶
印務統籌／劉鳳剛・高榮祥
監　　印／高榮祥
排　　版／莊寶鈴
經 銷 商／叩應股份有限公司
郵撥帳號／18707239
法律顧問／圓神出版事業機構法律顧問　蕭雄淋律師
印　　刷／龍岡數位文化股份有限公司
2018 年 3 月　初版
2024 年 1 月　9 刷

原書名：《半小時漫畫中國史》（第一集）
作者：二混子
本書中文繁體版由上海讀客圖書有限公司經光磊國際版權經紀有限公司授權
究竟出版社股份有限公司在全球（不包括中國大陸，包括臺灣、香港、澳門）
獨家出版、發行。

定價 290 元　　　　　　ISBN 978-986-137-250-1　　　　版權所有・翻印必究

◎本書如有缺頁、破損、裝訂錯誤，請寄回本公司調換　　　　Printed in Taiwan

歷史是非常有趣的，

我們先不談它到底能不能帶我脫離低級趣味、變身爲純粹的人；

光是通過它，就能讓我們忽然對世界恍然大悟這一點，

便使我如痴如醉地迷戀。

人對世界的困惑源於無知，

如果懂得更多一點，看世界的眼光就會不一樣，

這是知識的力量。

——二混子，《如果春秋戰國是個班級》

◆ **很喜歡這本書，很想要分享**

圓神書活網線上提供團購優惠，

或洽讀者服務部 02-2579-6600。

◆ **美好生活的提案家，期待爲您服務**

圓神書活網 www.Booklife.com.tw

非會員歡迎體驗優惠，會員獨享累計福利！

國家圖書館出版品預行編目資料

如果春秋戰國是個班級：半小時漫畫中國史／二混子 著 -- 初版 --
臺北市：究竟，2018.03，
　　240 面；14.8×20.8公分 -- （歷史：66）

　　ISBN 978-986-137-250-1（平裝）
　　1.春秋戰國時代 2.通俗史話 3.漫畫
610.9　　　　　　　　　　　　　　　　　　　　106024873